无忧亲子美育

家庭绘画启蒙

花花美志 · 朴朴君 · 吴希塔 著

广西师范大学出版社

· 桂林 ·

图书在版编目（CIP）数据

无忧亲子美育：家庭绘画启蒙／花花美志，朴朴君，吴希塔著 .—桂林：广西师范大学出版社，2024.3
ISBN 978-7-5598-6794-0

Ⅰ.①无… Ⅱ.①花… ②朴… ③吴… Ⅲ.①美学教育－家庭教育 Ⅳ.① B83

中国国家版本馆 CIP 数据核字 (2024) 第 013881 号

无忧亲子美育：家庭绘画启蒙
WUYOU QINZI MEIYU：JIATING HUIHUA QIMENG

出 品 人：刘广汉
责任编辑：孙世阳
装帧设计：康小杭　马　珂
广西师范大学出版社出版发行

（广西桂林市五里店路 9 号　　邮政编码：541004）
（网址：http://www.bbtpress.com）
出版人：黄轩庄
全国新华书店经销
销售热线：021-65200318　021-31260822-898
凸版艺彩（东莞）印刷有限公司印刷
（东莞市望牛墩镇朱平沙科技三路 邮政编码：523000）
开本：720 mm × 960 mm　　1/16
印张：17.5　　　　　字数：120 千
2024 年 3 月第 1 版　　2024 年 3 月第 1 次印刷
定价：68.00 元

如发现印装质量问题，影响阅读，请与出版社发行部门联系调换。

引言

PREFACE

感知力的教育对新时代的儿童尤为重要，首要原因就是对电子产品的依赖会给人的感知力带来损害。

著名的儿童心理学家让·皮亚杰将儿童和青少年的认知发展分为四个阶段，分别是感知运动阶段、前运算阶段、具体运算阶段和形式运算阶段。在儿童的启蒙阶段，也就是感知运动阶段，过度使用屏幕可能会抑制孩子了解世界所需的对典型日常活动的观察和体验能力，不利于其整体发展。当孩子与父母一起外出时，如果一直在玩智能手机或平板电脑，而不注意周围的任何事情，不仅会影响他们探索新事物的能力，还会影响儿童感官的发展。千禧年后出生的儿童作为互联网时代的"原住民"，与真实世界的脱节、对虚拟世界的依赖，使他们有可能面临感知能力退化的巨大挑战。这不只会影响儿童自身的发展，也关系着孩子未来的竞争力。未来是科技发展趋向于人工智能的时代，而人工智能时代的创造力来源于敏锐、丰富的感知力。对儿童来说，用五感与真实世界连接的能力至关重要，而美育对儿童的多个感官的发展以及认知、情感和社交发展都具有积极影响。

2020 年 10 月 15 日，中共中央办公厅、国务院办公厅印发了《关于全面加强和改进新时代学校美育工作的意见》，其中强调从育人的高度认识美育："美是纯洁道德、丰富精神的重要源泉。美育是审美教育、情操教育、心灵教育，也是丰富想象力和培养创新意识的教育，能提升审美素养、陶冶情操、温润心灵、激发创新创造活力。"可见，美育是提升创造力不可或缺的重要途径，对儿童的多方面成长起着基础支撑作用。

那么，作为孩子的父母，我们应该怎样做呢？父母是孩子最好的伙伴，亲子关系对教育起着决定性的作用，对美育也一样。本书的核心观点：父母的积极参与是培养美感最好的催化剂，是让孩子对美育，尤其对绘画表达产生并维持兴趣的最好途径。因此，本书提倡美育从亲子互动开始，而绘画便是一种非常有效的亲子互动活动。

从育儿的角度来说，绘画也能够帮助父母更了解孩子。本书中提出的亲子互动的绘画方法以及语言沟通方式，能够更有效地帮助我们改善亲子关系。绘画活动可以让亲子之间通过更多的合作及表达进行深入交流。

父母的参与是美育的必经之路，更是美育的捷径。通过亲子绘画沟通、亲子绘画环境打造、亲子互动艺术鉴赏和亲子漫画世界，美育在家就能落地，父母和孩子可以一起创造美、共同成长。本书从家庭艺术表达环境的搭建，以及亲子绘画艺术活动的开展入手，继而详细地介绍了亲子绘画工具、亲子互动绘画、亲子互动鉴赏等实践内容，这些内容既能增强亲子互动，又能同步提升两代人的审美，让亲子美育不再有门槛，即使是没有艺术教育相关背景的父母也能轻松上手，与孩子一同成长。

与其他美育图书不同，本书还提倡把家庭绘画和儿童的整理清洁习惯相结合，将艺术渗透到家庭日常生活中，渗透到孩子的成长过程中。

目录
CONTENTS

实践篇

写在最后

准备篇

一
绘画成长
记录册

1. 唾手可得的
第一手育儿资料

当看到孩子兴高采烈地拿着彩笔在纸上乱涂乱画的时候，我们或许会对他们所画的内容感到好奇，或许会因为看孩子画不出具体画面感到心疼，却很少能从孩子的作品中真正读懂他们的内心，而收集孩子的自由绘画，并将其积累成一本亲子绘画成长记录册，就是一种非常有效的了解孩子成长状况的方法。

孩子往往喜欢用绘画的方式表达自己的想法和感受，这种方式不会给

他们带来额外的负担和压力，反而能够激发他们的创造力和想象力，让他们感受到绘画的乐趣。同时，家长也可以通过这种方式更好地了解孩子的内心世界，发现他们的优点和潜力，为他们提供更加个性化和有针对性的教育和支持。

孩子的成长和发展是一个复杂且多方面的过程，需要全面而细致的观察和评估。而孩子的自由绘画是他们内心世界的一面镜子，我们可以从中观察和了解他们的创造力、想象力、表达能力和沟通能力等各个方面的发展情况。因此，收集孩子的自由绘画是非常必要的。同时，现代科技的发展，如数码相机和智能手机等电子产品的普及，也为收集孩子的自由绘画提供了更加便捷的方式。

不过，需要注意的是，收集孩子的自由绘画只是了解孩子成长状况的方法之一，不能作为唯一的方法，家长需要综合考虑他们的行为、言语、社交、情感等多个方面的表现来评估他们的发展状况。此外，我们还需要尊重孩子在绘画时的隐私权和自主权，不要强迫孩子画自己不想画的东西，也不要过度解读和评价孩子的画作，避免给孩子带来负面影响。

在花花老师陪伴她的女儿小花成长的过程中，绘画成长记录册就发挥

了很大的作用。在小花 6 岁前，花花老师和她经历过两次长达半年的分离。第一次分离是在小花 2 岁前，2 岁正是小花刚进入敏感期的时候，花花回家后发现小花总是喜欢自己躲在家里的角落和衣柜里，不太喜欢出门。每次父母叫她："小花，出来玩呀，我们一起来玩黏土。"小花总是拒绝："我就在柜子里，这里边很好玩啊。"这个时候，爸爸总是千方百计地哄小花出来："小花，你看奶奶做了好吃的，出来我

们一起吃。"抑或是："宝宝，你有什么事吗？你别害怕，和爸爸说，爸爸有办法。"可就是问不到孩子心里。父母也不知道小花为什么喜欢这样做。后来，爸爸有时会到角落里强行把小花抱出来，而这时反抗的小花往往会大哭起来，搞得爸爸也很郁闷，两个人都不开心。

后来，在和小花一同绘画的过程中，花花看到小花的画中人物总是很小，还总是放在画面下方最安全的位置，而且她总喜欢赋予画面刮风下雨的天气……通过人物的大小、位置，还有画面中的极端天气，再结合绘画心理学的知识，花花发现了小花内心的敏感和安全感的缺乏。随后，花花告诉了小花爸爸这一点，他表情一沉，立刻抱起正在独自玩玩具的小花，一边用头蹭小花的头，一

喜欢兔子的小花画的各种兔子

边说爸爸最爱宝宝了，然后开心地笑了起来，小花也开心地哈哈大笑起来。

自那以后，当小花想一个人躲在角落里的时候，父母都不会强行要求她出来，而是蹲下来在她旁边陪她，给她安全感，逗她笑。渐渐地，小花画中的人物强壮了起来，下雨天也变成了大晴天。后来，她躲在角落里的行为变少了，也更加爱笑了，更愿意主动和小朋友结伴玩耍了。

第二次分离是在小花5岁这一年，母女分离又赶上疫情，小花每天在家画画，画很多很多，然后让爸爸发给妈妈，画里都是她的生活。通过绘画，小花和妈妈多了很多话题，

生病时了解药物在身体里的作用时画的画

就算不通电话，妈妈看到小花的画，也能了解她的生活状态。虽然远隔重洋，但是亲子关系始终不远。虽然与妈妈分隔两地，但有五颜六色、可以自由表现的绘画作为陪伴，小花每一天的生活都是丰富多彩的。

儿童的语言表达能力有限，他们可能无法准确地解释自己的想法，但是他们的画笔不会隐瞒，让孩子画出来，不只让他们多一个渠道抒发自己的想法，也让我们多了一个了解孩子的方式。

儿童的绘画成长记录册有这样几个作用：

第一，展现孩子的兴趣和爱好。

孩子的自由绘画作品通常会展现出他们喜欢的事物和活动，比如动物、植物、玩具、电影、电视节目等，这些可以帮助父母更好地了解他们的兴趣和爱好。

第二，反映孩子的情感世界。

孩子的自由绘画作品也会反映出他们的喜怒哀乐，父母可以通过作品中的色彩、形状、表情等细节来推断孩子的情感状态。例如，孩子生病时，绘画会体现出他们烦躁的状态。

第三，表达孩子的思维方式。

孩子的自由绘画作品中的线条、形状、图案、色彩等可以反映出他们的思维方式和想象力。如第 7 页所示，上图画线条时速度适中，而 下图画线条时速度相对较快，体现出了两个孩子不同的表现风格。

第四，暴露孩子的潜在问题。

孩子的自由绘画作品也可能反映出一些潜在的问题，如注意力不集中、情感问题、学习障碍等，父母可以通过作品中的细节来发现问题，及时给予孩子关注和帮助。例如，小花在 5 岁经历第二次分离时的绘画反映出小花自我效能感（人们对自身能否利用所拥有的技能去完成某项工作的自信程度）偏弱，在画到自己的时候，总会画得小于画面中的其他人物，位置也会偏向画面的角落。

在育儿的过程中，不同的时期会遇到不同的情况，如果有更多方式可以和孩子沟通，日积月累后会形成一个纵向的连接，还会形成一本特别有意义、有价值的绘画成长记录册。这个记录册主要有两方面深层次的意义：一是可以作为儿童认知能力、内心需求的显影仪；二是可以作为儿童宣泄情绪的泄压阀。它可以帮助我们了解孩子长期的认知和性格发展情况，以及当下的情绪状况。

一 绘画成长记录册

2. 儿童认知能力、内心需求的显影仪

每一个孩子都很特殊，幼儿园收集的孩子的成长状况十分重要，与此同时，父母积极主动记录的孩子的成长过程会更加深入，并且会成为我们育儿的第一手材料。另外，在记录的过程中，我们需要保持一种接纳、不评判的态度，记录的过程会让我们更了解孩子，更容易和孩子产生共情，这对于良性亲子关系的建立来说也是重要的基础和助力。

孩子的画就像一个显影仪，能让我们看到孩子的认知发展、性格特点和情绪状况。认知发展和情绪状况会随着年龄和环境的变化而变化，在随后的章节中会为大家详细介绍，包括不同年龄阶段、不同认知水平下儿童绘画表现的具体区别（见第8.1节），以及不同情绪状况下儿童绘画表现的特点（见第1.3节）。本节将详细介绍不同性格特点的儿

童，其绘画呈现出的不同特色。

每个孩子都有自己的性格特点，家长要做到真正懂他，给他需要的东西，因材施教。心理学上把人分为不同的气质类型。那么，什么是气质？心理学上所说的气质，是指表现在心理活动中的强度、速度、灵活性与指向性等方面的一种稳定的心理特征。气质是人的天性，并无好坏之分。人从婴儿时期开始，气质就有外在表现。心理学家将人分为四种典型的气质类型：多血质、胆汁质、抑郁质、黏液质。为了方便大家理解，我将这四种类型扩展为：多血质——活力潇洒的幻想家；胆汁质——沉静深思的思考者；抑郁质——独立自主的探险家；黏液质——敏感细腻的艺术家。

· 活力潇洒型：

这种类型的孩子充满活力，天真烂漫，喜欢冒险和探索，可以称之为"幻想家"。

· 沉静深思型:

这种类型的孩子内向、安静，心思缜密，往往有很高的自我要求，可以称之为"思考者"。

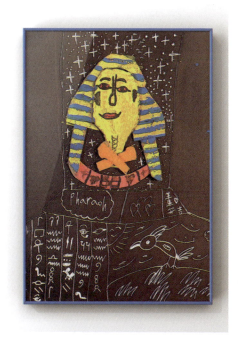

· 独立自主型:

这种类型的孩子自信、勇敢，具有坚定的信仰和独立思考的能力，可以称之为"探险家"。

·敏感细腻型：

这种类型的孩子感性、细腻，擅长表达情感，但可能有一点儿多虑和敏感，可以称之为"艺术家"。

另外，家长要知道，孩子的气质类型不是单一的，很可能是多种气质混合。一个孩子可能在某些方面表现出一种类型的特点，同时也会在其他方面表现出不同类型的特点。这种多重气质的情况非常普遍，因为每个孩子的个性和生长环境都是独特的。

例如，一个孩子可能是活力潇洒型和敏感细腻型的混合体，喜欢绘画和音乐，同时也喜欢运动和探险；或者，可能同时表现出沉静深思型和独立自主型的特点，内向、安静，但又有独立自主的决断力和行动力。

因此，了解孩子的气质类型是一个动态的、渐进的过程，家长需要在孩子成长的过程中，通过多方面的观察和交流，了解孩子的兴趣、习惯、喜好和行为模式，从而更好地把握孩子的个性和气质类型。想要通过绘画来判断孩子的气质类型，需要从以下几个方面观察和分析孩子的绘画作品。

① 绘画的题材。

不同气质类型的孩子可能会选择不同的题材来表达自己的情感和兴趣。例如，活力潇洒型的孩子可能会选择绘制运动、探险、动物等有趣的题材；而沉静深思型的孩子则可能会选择绘制自然风光、静物、人物肖像等更为细腻和复杂的题材。

② 绘画的风格。

孩子的绘画风格可以反映出他们的气质类型。例如，活力潇洒型的孩子可能会使用比较明快、有力的线条和鲜艳的色彩；而沉静深思型的孩子则可能会使用更加细腻、柔和的线条和色彩。

③ 绘画的表现方式。

孩子在绘画时的表现方式也可以反映出他们的气质类型。例如，独立自主型的孩子可能会更加自信、大胆地表现自己的绘画作品；而敏感细腻型的孩子则可能更加注重细节和表达情感。

④ 绘画的背景和场景。

孩子绘画作品中的背景和场景也可以反映出他们的气质类型。例如，活力潇洒型的孩子会绘制一些活泼有趣的场景，如运动场、野外探险等；而沉静深思型的孩子则可能选择一些安静、平和的背景，如田园风光、室内静物等。

2~12 岁不同年龄段的孩子在不同气质类型下的绘画特点

年龄段	气质类型			
	活力潇洒型	沉静深思型	独立自主型	敏感细腻型
2~4岁	喜欢绘制动物、玩具、身边的人和事物，线条流畅而有活力	喜欢绘制简单的人物和动物，线条轻柔而细致	喜欢绘制房屋、城堡、桥梁等建筑物，线条端正而有规律	喜欢绘制自己喜欢的人物和事物，线条柔和而精致
5~7岁	喜欢绘制有趣的场景，如游乐场、公园、动物园等，颜色鲜艳明亮	喜欢绘制人物、花草树木等自然物体，色彩柔和而有层次感	喜欢绘制规则的几何图形和城市景观，具有条理性和组织性	喜欢表达自己的心情和情感，颜色柔和而充满表现力
8~10岁	喜欢绘制复杂的场景，如城市街道、运动场所、宇宙空间等，线条细腻而有层次感	喜欢绘制细致的人物、植物和动物，喜欢运用明暗对比和光影效果	喜欢绘制复杂的图形和建筑物，具有准确性和透视感	喜欢表现复杂的情感和心理状态，色彩丰富而深刻
11~12岁	喜欢尝试多种绘画风格，如卡通、写实、油画等，具有创造性	喜欢探索多种绘画表现方式，如冷暖色调、明暗对比等，喜欢挑战自己	喜欢尝试多种绘画材料和技法，如水彩、素描、彩色铅笔等，有较高的技巧性	喜欢表达更深层次的情感和思想，绘画具有更深的文化内涵和思想性

＊此表参考严虎博士对绘画心理的研究

当父母通过孩子的第二语言——绘画更加了解孩子时，无论亲子沟通还是亲子教育都能事半功倍。

一 绘画成长 记录册

3. 儿童宣泄情绪的泄压阀

绘画除了可以体现性格特点，还能体现孩子当下的状态和内心世界。从绘画判断孩子有没有愤怒及压抑的情绪，主要看他有没有对画面进行反复涂抹。

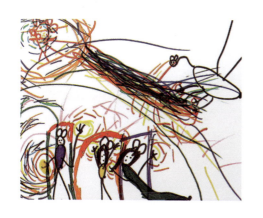

在绘画中，画面被反复涂抹的地方说明画者在这一部分有情绪的积压。绘画本身就是一种释放压力的方式，而且，绘画不伤害别人，更不会伤害自己，可以说是一种极佳的情绪管理方式，对亲子双方都具有十分重要的价值，不仅可以帮助父母顺利解决当下的育儿问题，在孩子未来的成长中也是一个可以信手拈来的自我疗愈的手段。本节介绍 5 种适合在亲子之间展开的可宣泄情绪的绘画游戏。

彩绘曼陀罗

（01）

将曼陀罗图案打印出来，用彩铅自由填色。

准备材料

两份画笔（铅笔、针管勾线笔、彩铅）、白卡纸、水杯（用来画圆形外轮廓，也可以用圆规）、尺子、橡皮、垫板或报纸。

步骤三

开始涂色。根据曼陀罗的形状，先借助杯子、尺子，用铅笔在纸上画出大致的形状，再用颜料一层一层地涂色，颜色可以混合使用，用不同的笔触和颜色搭配营造出层次感。

步骤四

完成细节。在画完整体之后，可以加入一些小细节，如涂上一些小图案或者花纹等，这个步骤可以邀请孩子共同完成。

步骤一

确定曼陀罗的样式和形状。可以在网上搜索一些曼陀罗的样式，也可以按照自己的想法设计一个。

步骤二

选择颜色。根据曼陀罗的样式和形状，选择几种颜色作为主题色，再选择一些配色来补充。

步骤五

欣赏作品。完成后可以一起欣赏作品，并分享绘画的过程和感受。

在这个过程中，可以让孩子自由发挥他们的创意和想象力。同时，这也是一个很好的机会，有助于父母和孩子之间建立更加亲密的联系和情感纽带。

左手学画

（02）

父母用左手模仿孩子绘画，这里的左手指的是平时生活中不经常用来写字的那只手。

准备材料

两份画笔、白卡纸、垫板或报纸。

步骤二

角色扮演。孩子扮演老师做示范，家长扮演学生仔细观察。

步骤三

孩子教家长。家长用平时不经常使用的手跟随孩子的示范来绘画，跟孩子一起探索新鲜的绘画感受。

左手学画，旨在通过交换角色，让孩子有机会扮演老师，教家长用左手画画，同时增强家长和孩子之间的互动和沟通。

步骤一

准备双份纸和画笔。首先，可以和孩子一起确定一个简单的绘画形象作为教学内容，如一只小猫、一朵花等。然后在纸上画好基本的轮廓线。

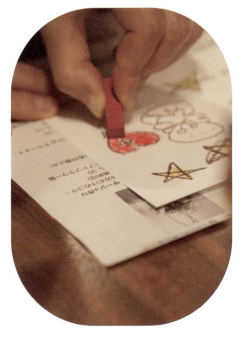

步骤四

交流心得。当画作完成后，家长和孩子可以一起欣赏、评价和分享自己的作品和绘画心得，比如遇到了什么意想不到的困难等。通过左手学画游戏，家长和孩子可以在轻松愉悦的氛围中一起学习、探索和交流，进而改善亲子关系，加强亲子沟通。

蒙眼画画 （03）

蒙上眼睛，使用不常用的感官来配合绘画。蒙眼画画游戏可以增进亲子关系，提高双方的专注力，激发双方的想象力。

准备材料

两份画纸、彩铅、眼罩、垫板或报纸。

步骤三

交换角色，分享作品。每次画画完成后，双方可以取下眼罩一起欣赏作品，然后再轮换角色，重复以上步骤。最后可以展示所有的作品，一起分享彼此的创作过程和感受。

步骤一

说明游戏规则。父母和孩子轮流戴上眼罩，一个人蒙眼画画，另一个人负责递画笔。

步骤二

开始绘画。一个人开始蒙眼画画时，需要告诉另一个人需要什么颜色，而另一个人负责将相应的画笔递到画者于边。蒙眼画画的时间可以根据双方的意愿来定，一般可以设置为3~5分钟。

在游戏中，颜色可以根据孩子的喜好和创意自由选择，这样可以激发孩子的想象力和创造力。同时，家长在递画笔的过程中，可以多加引导和提问，让孩子在画画的同时学到更多知识。

色彩涂鸦 _____ （ **04** ）

使用彩色画笔随意取用色彩，在纸
上进行涂鸦。

准备材料

两份画纸和画笔（或颜料）。

步骤一

选择色彩。每个人选择一种颜色，来代表当下的心情。例如，红色代表愤怒，蓝色代表悲伤，绿色代表平静等。

步骤二

开始涂鸦。每个人用自己选择的颜色在画纸上涂鸦，表达当下的情绪和感受。在画画的过程中，可以随意涂鸦，不用担心画得不好看或者不符合规则。涂鸦的时间可以自己设定，5~10分钟为宜。画画时可以播放一些柔和的音乐来营造舒适的氛围。

步骤三

分享心情。涂鸦完成后，每个人把自己的画纸放在桌上，并介绍自己的涂鸦代表的心情和感受。其他人可以听取并发表自己的看法和意见。

分享之后，我们内心的压力会有所释放，这时我们可以再挑选一种颜色来涂鸦，也可以在上面增加一些感性的图案或文字。这次使用的颜色可能会和一开始画画时选择的颜色不同，这便是和家人分享心情之后的情绪色彩。

线条涂鸦 （05）

使用画笔在纸上进行线条涂鸦。

准备材料

两份彩铅、白卡纸、垫板或报纸。

步骤二

闭上眼睛,用彩铅随意勾勒线条。

步骤三

睁开眼睛,观察自己勾勒出来的图案,看看能否发现其中有任何有趣的形状或图像。用其他颜色的笔对看到的形状或图像进行勾勒和涂色,让其更加明显。

步骤一

每个人挑选一支代表自己心情的彩铅,准备开始游戏。

步骤四

和对方分享自己看到的形状或图像,解释它们正在做的事或表达的感受。

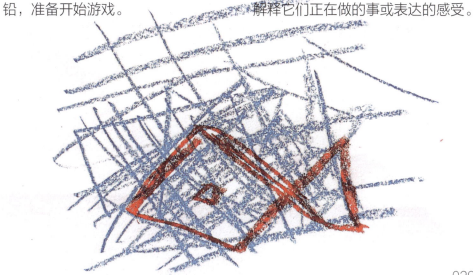

游戏注意事项

· 游戏可以进行多轮，让每个人都有机会玩。

· 可以让孩子自由发挥，随意地勾勒和涂色，无须追求完美。

· 在游戏过程中不要批评或者挑剔对方的绘画，保持欣赏和支持的态度。

· 如果孩子过于激动或者情绪波动比较大，可以选择暂停游戏，给他们一个拥抱让其先冷静下来。

总结：

彩绘曼陀罗可以培养孩子的专注力和创造力，同时也可以促进亲子之间的情感交流。

左手学画可以让孩子成为家长的老师，同时让家长体验到用左手画画的乐趣，增加亲子之间的默契。

蒙眼画画可以让孩子在失去视觉的情况下，依靠其他感官和想象力来创作，同时也可以培养孩子的注意力和创造力。

色彩涂鸦可以让孩子用颜色来表达自己的情绪和情感，同时也可以增强亲子之间的沟通和理解。

线条涂鸦可以让孩子随意勾勒出自己的想法和想象，同时也可以培养孩子的想象力和创造力。

以上这些亲子绘画游戏都可以让孩子在愉悦的氛围中进行创作和表达，同时也可以增进亲子之间的感情和沟通，为孩子的心理健康和成长打下坚实的基础。

一位妈妈体验过这五个游戏之后的深情反馈

第一次尝试这些绘画游戏时，我被深深地打动了。以前，我不知道如何帮助孩子宣泄负面情绪，我们之间常常僵持不下。但是这个绘画游戏的方式，让我看到了孩子内心深处的美好世界，看到了她一直以来所隐藏起来的那份脆弱和敏感。那时候我才发现，我并没有真正了解自己的孩子，我错过了太多了解她的机会。

在玩这个游戏的过程中，我看到了孩子完全不同于平时的一面。她的情绪得到了释放，我也因此理解她，更加温柔地对待她。我不再是那个严厉的家长，而是一个了解孩子内心的母亲。我们的亲子关系得到了极大的改善，孩子的情绪得到了纾解，我也因此得到了解放。这种游戏方式真的太棒了！

此外，通过绘画游戏，我也重新发现了自己对绘画的热爱。在游戏中，我敢于发挥自己的想象力，不再担心自己的作品是否"好看"。绘画成了一种表达自己的方式，我发现可以用它来表达自己的情感和思想。我和孩子在游戏中享受了快乐的时光，同时，在这个过程中，我不断地学习，我相信我的孩子也在学习。我们一起成长，这个过程多么美好！

如果你也有困扰，不知道如何与孩子沟通，或者你想要发掘孩子的潜力，绘画游戏绝对是一个值得尝试的方式。通过游戏来深入了解自己和孩子的内心世界，用绘画的方式表达自己的想法，这是一个充满温暖和爱的过程。

二
亲子艺术启蒙的
家庭环境

1. 绘画工具
及使用方法

蜡笔和油画棒 （01）

蜡笔和油画棒，这两种画材看起来十分相似，都是小朋友在最初接触绘画的时候会碰到的画材，非常实用，表现力也很强。但这两种画材有不同的使用方法，了解了这两种画材用法的区别，会增加和拓宽孩子使用画材的可能性与描绘的丰富性。

② 油画棒

油画棒的成分和蜡笔相比，油脂更多，所以画起来的手感更加柔软，更适合大面积铺色。

需要注意的是，随着制造工艺的进步，画笔的质地也在发生变化。现在的蜡笔和以前相比，油分会更多一些，其特性更加趋向于油画棒，更容易上色。因此，千万不要只根据名字去判断，而要实际试用，根据商品的特征来考虑该怎样使用。油画棒相对来说比较柔软，所以更适合于混色使用。

① 蜡笔

蜡笔主要是由颜料和蜡质混合凝固而成的，它比油画棒质地更加坚硬。正是因为它的材质偏硬，所以更适用于画线条，去表现有透明感的淡淡的效果。

首先，在桌子上铺一层塑料布，在塑料布和画纸之间放一张面积大于画纸的报纸作为垫板，然后把画笔放在孩子用笔的那只手的一侧，方便取用。另外，油画棒的盖子我们也要利用起来，孩子正在使用的笔放下后不用立刻归位，可以暂时放在盖子里，以免随意散落在各处污染桌面，影响孩子画画的心情。

握笔一般有两种方法

第一种方法

类似写字的姿势。握笔时，用大拇指、食指指尖和中指第一关节固定住笔尖，无名指和小拇指在下，起稳定作用。笔杆靠在食指根部的关节处，这样的姿势便于用力，控制运笔。

第二种方法

从上面用指尖握住笔尖。

第一种方法如果用力过猛，笔尖容易折断，所以要慢慢画。但对于已经用得比较短的笔，或者想画线条以及大面积铺色的时候，用第二种方法会比较方便，而且怎么画都不用担心笔尖会折断。

我们在使用蜡笔和油画棒的时候，经常会出现折断的情况，这时我们可以将折断的蜡笔横过来使用，用它的侧面进行铺色和表现一些肌理。因此，笔断了之后，应该把它收好待用。

另外，油画棒和蜡笔在混色后，为了不影响下一次使用，需要用卫生纸擦拭笔尖。

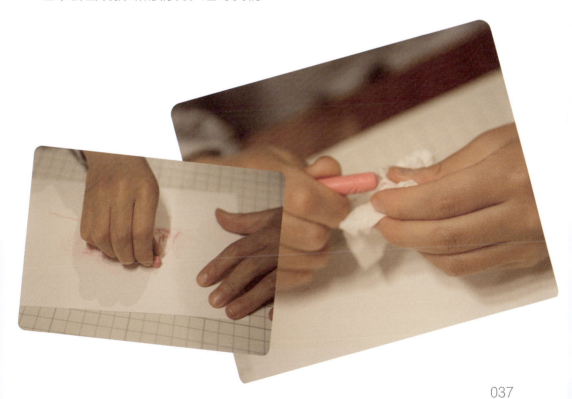

彩笔 （02）

彩笔方便儿童拿取和使用，而且颜色明亮丰富。彩笔有很多不同的种类，不同种类的彩笔特性也有很大差异。如果可以更好地理解彩色的不同材料和特性，使用起来会更方便。

① 水性彩笔

水性彩笔分两种，一种是水性马克笔，另一种是水性广告笔。水性马克笔，颜料为液体，颜色透明度较好，而且比较容易清洗。

水性广告笔的颜料类似胶的质感，里边有固体颜料粉末，使用之前需要摇晃一下。水性广告笔可以用在布料和硬纸板上，具有覆盖性。

这两种水性彩笔都不耐干，所以要注意及时盖上盖子。

② 油性彩笔

油性彩笔分为油性广告笔和油性马克笔。因为是油性的，所以油性彩笔的颜色扩散性不强，但比较耐干。另外，它可以用在塑料、金属或者玻璃上。和水性彩笔不同，油性彩笔用水是洗不掉的。

颜料 （03）

使用颜料的活动环境的准备是很重要的。如果你知道颜料的种类区分以及调色盘的一些用法，活动会进行得更加顺畅。

② 丙烯颜料

丙烯颜料具有不透明的特性，也可以混色，除了画在纸上，还可以画在木头、布、金属和塑料上，可以说能画在各种各样的材料上面。它还具有防水性，在户外展示的作品很适合用丙烯颜料绘制。

① 水彩颜料

水彩颜料是介于透明和不透明之间的一种画材。因为它可以混色，还具有能调整色彩浓淡、干湿的特性，所以在家庭绘画中用得比较多。建议使用固体水彩颜料，这样会更便于清洁和收纳。

③ 水粉颜料

水粉颜料不透明，可以用作颜色的覆盖，它的显色会比实际颜色偏灰一点儿。但是这种颜料不耐水，遇水就会溶解，因此，用水粉绘制的作品不方便保存，学习美术时，水粉颜料经常用在练习作品中。

使用颜料绘画的准备工作相对繁复。先从颜料盒中取出适量的颜色到调色盘中。白色、黄色、蓝色与紫色多用于调色，可以多取出一些。

这个时候需要的工具有塑料布、报纸、毛笔（大、中、小）、毛巾（包括擦笔的毛巾）、洗笔桶、调色盘，以及绘画用的纸。纸要选用素描纸或者水粉纸、水彩纸；洗笔桶，建议用3分格或4分格，这样更方便；调色盘建议选择方便调色和存水的款式，这种调色盘的格子有一定的

高度，比较适合小孩子使用；毛笔建议使用尖头毛笔，这种毛笔使用角度多，效果好。笔头选用猪毛、马毛这种天然材质的比较好。

切记不要让孩子用整只手去抓笔，这样画很容易把笔毛压坏。

调和颜色的方法

先让毛笔含水，再把多余的水分去除，然后用含水的毛笔像画圆一样把颜料溶解，如果画颜料的部分太小，可以上下翻转笔面。

正确的拿笔方法

用大拇指和食指夹住笔杆，再用中指顶住笔杆，这样方便手腕用力，

父母绘画启蒙锦囊

儿童在家中使用水粉颜料或水彩颜料作画时使用的工具比较多，怎样设计使用动线才会比较方便呢？

解决方案如下图所示。在桌面铺上塑料布和报纸，左侧放一张白色画纸，右上方放一两支毛笔，笔下垫一块吸水毛巾。笔的右侧放一个洗笔桶，下方放一个调色盘。整个场景井然有序，符合洗笔—调色—绘画的使用动线，塑料布和报纸可以保护桌子免受颜料的污染和损坏。

剪刀 （04）

剪刀是造型表现中的常用工具，我们要在充分考虑安全的情况下，交由孩子使用。

剪裁一般厚度的纸张时，使用刀刃的中间位置。对于较厚的纸张，建议用刀刃内侧靠近手柄的位置去剪，更便于用力。如果只想剪一小部分的话，用刀刃的前端轻轻地剪就可以了。

拿剪刀时，最好让刀身和纸面垂直，如果倾斜的话会很难剪裁(如下图)。

还有一些可以剪出花边的剪刀可以选择性地使用。

为了让孩子知道剪刀的使用原理，我们可以和孩子玩一些游戏，比如用两只手的开合模拟剪刀，也可以让孩子用两只胳膊模拟剪刀夹住妈妈的手。我们还可以跟孩子玩"剪手"的游戏，用夹子夹住他的手，让他体验疼痛的感觉，这样可以让孩子对剪刀的危险性有直接的感知。

另外，剪裁时一定要注意孩子的坐姿。安全稳定的坐姿应该是，让孩子目视前方，背部挺直，目光向下倾斜 45° 注视手部的动作。递给孩子剪刀的时候需要先把剪刀合住，孩子给别人递剪刀的时候也要保持这个习惯。剪刀用完之后要头朝下收纳，这样比较安全。

胶类 （05）

胶类分很多种，不同的胶类用来粘不同的东西。如果能了解不同胶类的特性，我们就能够更好、更灵活地使用它们了。

液体胶水是由合成树脂制成的，黏性比较强，如果需要粘的范围很大，或者不想用手的话，可以用海绵蘸取使用。

我们经常用到的固体胶棒也是由合成树脂制成的，其黏性会随着时间的推移慢慢减弱，使用对象主要是轻薄的纸张和布料。

木工胶，也就是我们经常说的白乳胶，黏性比较强，可以用在木头、布、纸张上。涂得薄一点儿，或者用水稀释使用，干得会快一些。

还有一些特殊黏合工具，如热熔胶枪等，一般不建议孩子使用。

使用胶之前，需要在桌面铺上塑料薄膜。如果粘贴的是立体作品，使用一张底板纸作为底衬会更方便。如果粘贴的是平面作品，在下面垫上报纸即可。准备一些硬纸片作为刮片使用，再准备海绵供孩子摊开液体胶。

另外，还有一种传统胶——糨糊，安全性很高，适合孩子使用。糨糊是用植物性的原材料制成的，安全，可以直接用手涂，大面积涂抹比较方便。最好用中指涂抹，这样不影响大拇指和食指继续使用。用中指涂抹完后可以顺势在海绵上清洁手指。

胶带 （06）

胶带也是孩子创作中经常使用的工具，尤其在装饰画面的时候。常用的胶带包括胶带纸、透明胶、带纸等，可以的话，最好给孩子准备一个胶台，方便使用。胶带纸有宽有窄，还有纸胶带、塑料胶带等，都可以尝试着使用。后文将详细介绍不同年龄阶段的孩子适合使用什么样的胶带。

订书机 （07）

如果孩子力气不够，可以把它放到桌面上，用双手压出订书钉来。这个时候，家长也可以扶着纸在旁边辅助。

订书机是做纸质作品时经常会使用到的工具。根据四五岁孩子的平均握力，单手使用是没有问题的。订书机一般可以分成两种类型，一种是手持式的，另一种是放在台子上的。

对于孩子来说，手持式的订书机使用起来比较方便，但要注意施力的位置要放在最前端靠后的地方，不要放在顶端边缘，以避免受伤。

其他 （08）

下面列举了其他常用绘画工具。

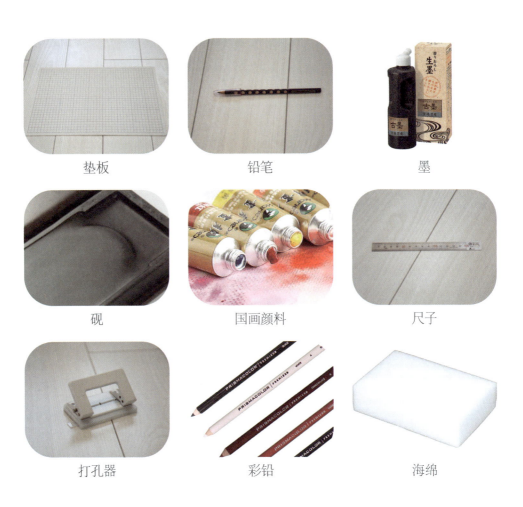

垫板　　　　　　　铅笔　　　　　　　墨

砚　　　　　　国画颜料　　　　　　尺子

打孔器　　　　　　彩铅　　　　　　海绵

彩色卡纸

纸箱纸板

报纸

纸盘

线绳

黏土

纸筒

A4 打印纸

瓦楞纸

宣纸

贴画　　　　　纸杯　　　　　塑料布　　　　　塑料瓶

纸盒包装　　　纸袋　　　　　信封　　　　　　塑料袋

瓶盖　　　　　棉花　　　　　不织布　　　　　毛巾

缎带　　　　　美工刀　　　　橡胶圈

补充：

海绵是很好的大面积涂色工具，按照下图所示的方法制作会更方便实用，也能让孩子体会到工具的多变。

海绵工具制作过程

以下是 6 岁及以上孩子与父母画亲子漫画时可能需要使用的工具及使用方法。

·铅笔：

用于草图的绘制，便于擦掉并修改错误的部分。

·针管笔：

用于细节描边和线条勾勒，因为用它可以画出非常细的线条。在画漫画过程中，它通常用于描绘角色的表情、头发、衣服的纹理等细节。

·彩铅：

用于着色和填充，彩铅可以混合使用，产生更多色彩。

·水彩颜料：

用于纸张绘画，水彩颜料可以在纸上产生透明的颜色并且可以混合。

画笔胶棒类污渍的清洁方法 （09）

孩子在绘画过程中会产生各种污渍，衣服、地板、桌面、墙面等位置都很难避免，除了可以在绘画过程中穿防护的外套，铺设一些防护的纸张、塑料布外，如果能轻松洗掉这些污渍，也能给父母减轻不少负担。

简单来说，画笔、颜料都可分成水性和油性的。中性笔也可以归为油性的，但兼具水和油的优点，让书写手感更好，如以黑、红、蓝三色为主的书写笔。因为中性笔含有油分，所以清洁其污渍的方式和油性笔类似。

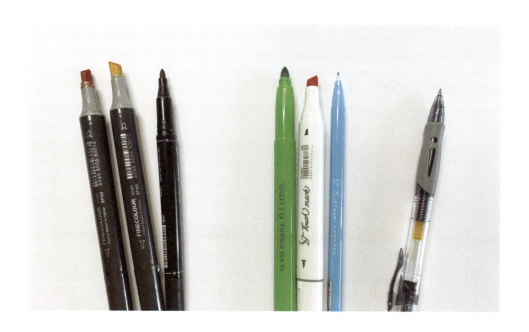

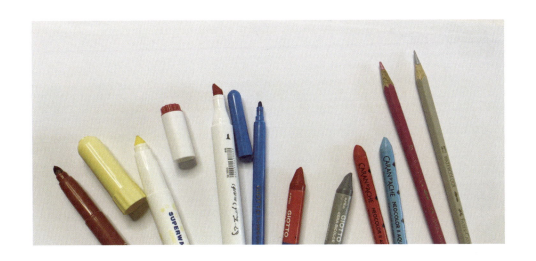

水性笔的溶解剂是水，简单地说就是其不耐水，遇到水便稀释了。这类笔造成的污渍清洗起来相对容易，一般用水和清洁剂就能去除。油性笔污渍比较难清理，必须先用溶解剂溶解后再清洗才能去除。所以，如果孩子年龄太小，建议尽量使用水性笔，虽然其显色和保存性能不如油性笔，但胜在好清洁。

总体来说，我们给孩子选择画笔时最好选择水性的，一来可减少清洗的麻烦，二来也相对健康、安全。部分溶解剂含有刺鼻气味和有害挥发物，用在孩子的用具、房间和衣物上，安全性相对差一些。但是，不是所有污渍都能去除，因为很多污渍要建立在溶解、摩擦等化学和物理的方法上，所以可能会对材质有损伤，这种情况下，我们只能选择简单清洗，而无法完全去除污渍。针对不同材质上的不同类型的污渍，具体的清洁方法也不同。

① 纺织品

纺织品大致可以分成人造纤维和天然纤维。聚酯纤维、莱赛尔纤维、醋酸纤维等是人造纤维，棉、麻、蚕丝、羊毛、羊绒、羽绒等是天然纤维。

人造纤维中有的很"娇弱"，如醋酸纤维类似真丝，清洗时要像对待真丝一般。天然纤维中的棉和麻是比较耐用的，经得起搓洗，但要特别注意含蛋白质的天然纤维，如蚕丝、羊毛、羊绒等，一定要避免沾染污渍，因为除了水溶性的污渍，其他的几乎不能清洗，这种材质不能用任何溶解剂，也禁不起搓洗中的摩擦。

下面根据污渍类型来详细讲解

水性笔、可水洗颜料：先用温水泡，让颜料尽量溶解开，再用肥皂搓洗，这样便可以去除一部分污渍。还有一些顽固污渍，可以拧干织物后喷上衣领净，静置几分钟后再搓洗。

| 水性笔痕迹先浸泡 | 溶开颜料 | 肥皂搓洗 | 还有残留 |

用衣领净再次处理　　　完全清洗干净

（注意：羊毛、蚕丝类可以用衣领净，但需要稀释后使用，而且有时可能会造成面料硬化。）

油性笔（有的笔会注明"酒精油

性"）：直接喷酒精搓洗，多喷几次，再用衣领净处理就可以了。（羊毛类的同样要注意，一旦沾染这种污渍最好送去干洗店。）

先稀释衣领净　　　再把毛衣放入稀释液中轻柔搓洗

油性马克笔污渍　　先喷酒精溶解　　再用衣领净搓洗　　基本清洗干净

有的油性笔污渍，通过喷酒精是搓洗不掉的，因为酒精溶解力不足，而干洗店一般是用汽油溶解后处理的。但家庭中很少有这类产品，我们可以用卸妆液、卸妆油等卸妆产品来溶解，再用衣领净搓洗。

先用卸妆油溶解

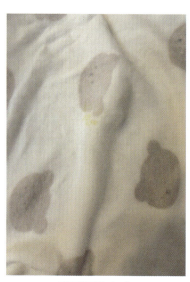

最后清洗完成
（不能完全去除，但基本看不出）

蜡笔：

水性蜡笔用热一些的水加肥皂就能溶解搓洗掉；油性蜡笔可以先用电吹风进行熔蜡，再用溶解剂溶解后用热水清洗。一般来说用卸妆产品都能溶解。

蜡笔污渍　　　　　电吹风熔蜡　　　　　再用肥皂搓洗　　　　　清洗后

丙烯和油画颜料：

用丙烯和油画颜料作画时会用到各种稀释剂、调和油等，加大了清理难度，可以先用松节油、汽油这类溶解剂清洗污渍部分，将颜料溶解，再用肥皂搓洗干净后常规洗涤即可。

但我们一般不建议太小的孩子使用丙烯或者油画颜料，因为其中含有挥发性气体，有可能影响孩子身体健康，而且清洗时用到的松节油或者汽油也含有不好的气味和有损孩子健康的物质。

油画颜料污渍　　用油画稀释剂溶解　　再用肥皂搓洗　　　　　清洗后

前面讲的这些都是预洗，预洗就是衣物有重点污渍的时候，要在放进洗衣机之前，把这些重点污渍预先处理干净。预洗后再用洗衣机正常洗涤即可。

如果在预洗时不能彻底去除污渍，我们还可以选择漂洗，漂洗可以在用洗衣机清洗后进行。彩色衣物一般用的是氧系漂白剂，如爆炸盐、彩漂水、氧净等，这类漂白不会让彩色衣物褪色，但相对来说漂白的力度要小于氯系漂白剂。氯系漂白剂有强褪色的功能，所以一般用于白色织物。次氯酸钠，也就是我们常说的 84 消毒液的主要成分，就是氯系漂白剂的一种，它的漂白性很强，除了能漂白还能去霉，所以除霉产品的主要成分也是次氯酸钠，只是浓度不同而已。浓度比较低的氯系漂白剂也可用于一些花色衣物的漂洗，但要严格控制时间，比如，有些厨房漂白剂的浓度相对较低，喷在花色织物上要一直观察，一旦发现污渍消除或者有褪色倾向就要立刻清洗干净。漂洗后的衣物需要用清水彻底清洗干净再晾晒。

氧系漂白剂

氯系漂白剂

厨房漂白剂

阳光也具有漂白作用，所以，衣物残余的一些污渍、斑痕等，有时在阳光照射下就能完全去除。但长时间暴露在阳光下，白色织物会发黄，深色衣物容易褪色。

所以，家里可以准备衣领净、卸妆油（液）、酒精、氧系漂白剂、氯系漂白剂这几种物品。对于一般的污渍，衣领净就能解决；油性和特殊的颜料污渍可以用酒精、卸妆油（液）来溶解后清洗；彩色衣物可以用氧系漂白剂，白色衣物用氯系漂白剂，部分花色衣物可以用浓度很低的氯系漂白剂；残留的污渍等可以利用阳光的漂白功能。

氧系漂白剂

卸妆油

氯系漂白剂　　　衣领净　　　酒精

② 瓷砖

瓷砖是众多材料中较易清洁的一种，一般来说，无论油性、水性还是其他类型的颜料和画笔，基本都能清除干净，这取决于它本身的化学结构，因为它密度高，表面一般都有釉面，经得起摩擦，遇到化学溶解剂不容易损毁，所以给清洁留有很大的操作空间。

水性颜料和画笔在瓷砖上是极易清理的，直接用水和抹布就能擦掉，稍微顽固些的，用纳米海绵加清洁剂也能去除。

水性笔污渍

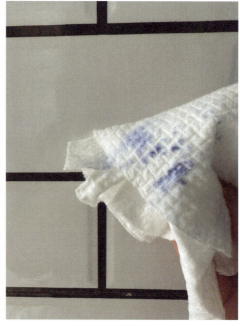

湿抹布即可去除

油性材质可以用以下两种方法。

化学溶解法：

先用一次性抹布蘸取酒精或卸甲水
擦除印记，溶解后再用纳米海绵和
洗洁精擦去溶解剂和笔痕残留。

油性笔污渍

用酒精溶解

完全清洁干净

残留污渍

用纳米海绵＋洗
洁精清洁

物理摩擦法：

用颗粒状清洁剂和带有一定摩擦力的工具，依靠摩擦污渍达到清洁的目的。当然，颗粒状清洁剂也含有各种清洁成分，所以这其实是物理法和化学法同步进行的。在笔者试验的各种清洁剂中，蓝树叶洗碗膏泡沫丰富，含有小苏打颗粒，配合纳米海绵几乎能擦掉所有画笔、颜料产生的污渍。牙膏、小苏打调成糊也能达到一定效果。氧净调成糊，用纳米海绵蘸取，擦拭效果也非常明显。用纳米海绵无法擦除时可以改用含砂百洁布，如果绿色百洁布上面标注了含有金刚砂，那么它的摩擦效果会更强，不容易变软，使用寿命也更长。

更顽固的污渍，如油漆、油画颜料和用调和剂调和过的丙烯颜料，用普通的溶解剂可能很难溶解，这种情况下用强力除胶剂是可以完全擦除的，瓷砖也不会被损坏。

③ 塑料

相对来说，瓷砖是最易清洁的材质，不过塑料也是比较容易清洁干净的材质之一，其清洁方法与瓷砖类似，但在细节上有所不同。

对于水性的画笔和颜料的污渍，塑料的处理方式与瓷砖相同，但需要强调的是，塑料材质比较柔软，物理摩擦容易刮花，这就需要用到纳米海绵这个好伙伴，简单的污渍用纳米海绵配合洗洁精或者牙膏就能清理干净。PVC 墙板、电器的塑料外壳、塑料的桌椅等，只要是塑料，都可以用这种方法清理。

清洁前

清洁后

那么，遇到油性的污渍怎么办？切记，油性的污渍只能用酒精、卸妆油（膏）等温和的溶解剂，不能用卸甲水、花露水、风油精这类产品，因为它们会在溶解污渍的同时把塑料一起溶解。

油性记号笔用酒精　　　擦除后
溶解擦除

同时，也可以用洗碗膏、小苏打糊糊、氧净糊糊搭配纳米海绵来处理，这些不会给塑料造成太大的伤害，但透明塑料极易擦花，必须用柔软的海绵和不带研磨剂成分的清洁剂

清理，如洗洁精、清洁乳等。同时，要避免在塑料上使用绿色含砂百洁布，否则会把塑料擦花。

洗碗膏擦除前　　　　擦除后

④ 乳胶漆

相对来说，清洁乳胶漆表面就没那么容易了，最大的障碍是它的吸水性，即便在清理水性污渍时，都不能直接用湿抹布擦拭，否则颜料会在水的作用下扩散，被乳胶漆吸入，导致无法清洁。

牙膏擦除前　　　　　牙膏擦除后

清理乳胶漆表面有个好用的小工具——墙面清洁剂，不管油性还是水性的污渍都可以直接清理。把牙膏或洗碗膏涂在污渍上，再用墙面清洁剂自带的海绵头打圈摩擦，最后用半潮的抹布擦干净即可。如果遇到顽固污渍，按照这个程序多做几遍即可。

擦除乳胶漆表面的水性污渍时要避免水分过多，比如，可以将纳米海绵打湿后拧干，再抹上牙膏转圈擦拭，最后用半潮的抹布擦去残留污渍。纳米海绵必须打湿后使用，但为了避免海绵中有太多水，需要把水拧出去再用。用洗碗膏也可以这样操作，打湿纳米海绵，挤干水分，蘸取洗碗膏擦拭污渍。

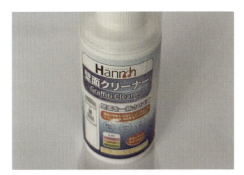

擦除前　　　　　擦除后

⑤ 大理石

大理石表面的清洁难度在乳胶漆面之上。大理石分为人造大理石和天然大理石，人造大理石表面的处理方法和瓷砖类似，难度不会太大，但天然大理石因为其结构特殊，具有天然孔隙，再加上其主要成分为碳酸钙，所以极易与多种清洁剂发生化学反应。大部分天然大理石都是抛光后使用的，经不起摩擦，一旦用力摩擦就会磨花表面，所以在家庭中，天然大理石是很难清洁的一种材料，一般需要购买大理石专用清洁剂和保养剂，或者中性清洁剂。对于油性颜料和笔痕，要用温和的溶解剂和清洁剂——先用酒精、卸妆膏类的溶解剂溶解后，再用大理石专用清洁剂或者中性清洁剂来清洁。部分抛光大理石甚至会被纳米海绵磨花，这种情况就需要改用不含砂的柔软百洁布。

中性清洁剂

⑥ 墙布、墙纸

墙布、墙纸有点类似织物，但因为背后有胶，所以比织物稍难清洁一些。墙布分为防水和不防水的，防水墙布类似塑料，用清洁塑料的方法就能清洁干净。但不防水墙布具有一定的吸水性，又不能取下彻底清洗，所以清洁比较困难。

墙纸和不防水墙布上的水性颜料污渍的处理有点类似乳胶漆面，不能直接用水或者很湿的毛巾擦拭，否则水分会被吸入，变得难以清洁。可以使用布艺干洗剂、羽绒服干洗剂或羽绒服清洁湿巾，还有上面提到的墙面清洁剂来清洁。羽绒服清洁湿巾可以直接用来反复擦拭，最后再用半潮抹布擦除残留，擦完后一定要用电吹风的温风迅速吹干，

不然很容易留下黄色水痕。使用布艺干洗剂和羽绒服干洗剂差不多，喷上去后用半潮毛巾反复擦拭，然后用电吹风的温风吹干。不用热风是怕破坏背后的胶层，不用冷风是因为冷风干得太慢，也可能产生水痕。墙面清洁剂的使用方法和在乳胶漆上的类似，现在有专业的墙布

清洁剂，其成分和前面讲的布艺羽绒干洗剂类似，如果家里有大面积墙布时建议购买。

不防水的墙布、墙纸上的部分油性颜料和笔痕几乎无法被彻底清除，因为它们会被吸入墙布和墙纸的内部，又无法取下来彻底搓洗，所有的清洁都只是表面功夫，用力过猛还容易损毁墙布和墙纸。所以，最好的方法就是在购买墙布时多买一部分，后期请专业人士上门更换。

⑦ 实木

实木分为无漆和有漆两种。

无漆实木是比较难清理的材质，因为没有漆，所以木材天然的孔隙很容易把颜料吸收进去，一旦吸收得深就很难恢复原状。无漆实木上的蜡笔、水性笔痕用纳米海绵和洗碗膏基本就能擦除，刚弄上去的油性笔痕用这种方法也能擦掉一大部分，但如果是陈旧污渍，几乎不能完全清除，只能先用上述方法擦拭，待木器彻底干燥后用砂纸打磨——先

| 洗碗膏清洁前 | 洗碗膏清洁后 | 砂纸打磨前 | 砂纸打磨后 |

用粗砂纸打磨掉污渍，再用细砂纸打磨光洁，最后最好再上一层木器保护漆。

有漆实木较易清洁，方式类似于塑料的清洁。但需要注意的是，有的漆面会被酒精溶解，使用酒精可能会出现白斑，虽然有的白斑用润肤露反复擦几次就能消失，但有的是完全去除不掉的。另外，有的实木漆面比塑料更娇弱，这种情况可用电解水清洁剂进行日常清洁，轻度的污渍一般都能去除。电解水清洁剂还可用来擦拭家具、冰箱上的污渍及轻度油污等，同时，因为它的化学成分是没有残留物的，所以用完后无须再用清水擦拭，是非常方便的清洁剂。

清除油性笔渍使用卸甲水、除胶剂、

风油精等也可能会破坏漆面，所以首选卸妆类产品，如果实在无法清除，再用上述产品在不起眼的地方进行小块试验，确定没问题后再大面积擦除。

在用纳米海绵和清洁剂的时候也要注意，有研磨剂成分的清洁剂可能会擦花漆面，所以也要小面积试用后再大面积使用。

橡皮也是很好的清洁产品，很多难去除的马克笔痕迹用橡皮就能完全擦除。

橡皮擦除前　　　橡皮擦除后

⑧ 胶渍的去除

孩子在做手工时，胶带是常用的工具，双面胶的胶渍一旦时间长了就很难清理。胶带的清理类似油性颜料，也需要先溶解。酒精是最轻度

的溶解剂，少量新鲜的胶印可以直接用酒精擦除，也可以用卸妆类产品。花露水、风油精、卸甲水也可以去除胶痕，尤其是风油精，除胶效果非常好，粘在毛绒织物上的双面胶，涂抹风油精就能很轻松地去掉。但用这些产品去除塑料上的胶痕时，塑料也会被溶解，所以对于塑料来说，用酒精和卸妆类产品是

各种除胶产品

比较安全的。此外，也可以直接购买专业的除胶产品，但都有一定的破坏物品的风险，使用时最好选不起眼的位置局部试验一下再大面积使用。

除了双面胶外，白胶、胶水使用除胶剂也能去除。

对于一些贴在物品上的商标，加热撕除是很好的方法，电吹风边吹边

撕，剩下的少量胶渍可以用塑料小工具刮除，最后再用除胶产品。

另外，纳米海绵配合洗碗膏也能去除掉塑料、陶瓷、瓷砖、金属、上漆木制品、贴面材质等表面的少量胶痕。

父母有了足够的清洁知识，在陪伴孩子绘画的过程中就不会对污渍的产生过度焦虑，也能放手让孩子探索绘画的世界，从中感受更多的乐趣。

吹风机吹标签

洗碗膏清洁前　　　洗碗膏清洁后

二
亲子艺术启蒙的
家庭环境

2. 家庭中的
亲子绘画角

绘画启蒙硬环境的打造 （01）

在进行绘画启蒙的过程中，家中硬环境的打造非常重要，虽然前面讲了很多清洁的知识，但大部分家庭还会采取一些保护措施来减轻清洁压力。

我们一直都提倡让孩子自由地创作，但要达到相对的自由，家长就要提前做好保护措施，而不是在绘画前临时布置。孩子的创作欲是随时产生的，过多的准备时间会让这种突来的创作欲降低，想让孩子随时拿笔就能画，那么提早打造绘画环境，将其融入生活和家庭环境就显得尤为重要了。

① **利用垫片、地垫等保护桌面、地面。**

在这类垫材的选择上，安全性最重要，要看其材质的挥发物等是否符合标准。

图案要选择色彩饱和度低、柔和的，不要选择花纹繁复、颜色艳丽的：一是这类图案搭配起来会比较难；二是小朋友的东西掉在上面有时会很难找，在上面玩拼图、乐高等小玩具也会引起眼部不适；三是过于鲜艳、花哨会和家中环境很难融合，显得特别突兀。

孩子的玩具大都是颜色比较丰富的，所以除了上述的垫材类，家具、窗帘、灯具、床品、地毯等也要选择色彩饱和度低一点儿、颜色种类少一点儿的，这样配上色彩鲜艳的玩具就能达到主次分明的效果。同时，这种环境的包容度也会更强，孩子确实需要一定的颜色刺激，但不是整个环境都要鲜艳花哨，采用自然、柔和、饱和度低的统一色更能提升美感。孩子从小在这样的环境中成长，更有利于他们对美的认知。儿童房不宜采用单薄而鲜艳的颜色，不管深色还是浅色都应沉稳、平和，这样的调性会让整个儿童房的品位迅速提高。

② 墙面的保护。

可以选择黑板墙、白板墙来防止孩子破坏墙面，提前把保护措施融入环境中，就不会在破坏发生时手忙脚乱了。黑板墙可以用黑板漆刷满整面墙。黑板漆有多种颜色，可以根据喜好自己选择，如果是彩色漆，要选择饱和度比较低的。当然，也可以使用黑板贴，选择厚一些的材质不容易卷边，太薄的手感不是很好，甚至可以购买带磁性的黑板贴，磁力片等都能用得上。黑板漆和黑板贴需要使用粉笔作画，选购时选择水性粉笔，既可以避免粉尘，还可以用湿抹布擦除。

有的家庭不喜欢黑板贴，那么可以选择白板贴，白色会让环境看上去更加明亮。

如果不想在墙面上粘贴物品，也可以购买整张大白纸，用美纹纸将其四周固定在墙壁上，画完一张后撕下更换即可。我们平时要多想办法来保证孩子有一个随意挥洒的空间，这会对孩子的绘画之路大有益处。

儿童绘画空间的整理与收纳 （02）

除了对墙面、地面的保护外，我们还要在收纳和展示方面全方位地打造一个适合孩子的空间。而整理是收纳中非常重要的一环，和孩子一起整理他们的绘画空间也是艺术启蒙的一部分。

① 整理与收纳的意义。

小朋友画画原本是释放天性、愉悦身心的事情，但杂乱的环境会影响孩子画画的心情。有的父母为了减轻清洁的负担，宁愿减少孩子的绘

杂乱的桌面	如何选择？	父母	孩子
	选择一：减少孩子绘画工具	√ 轻松	✗ 影响孩子的触感和想象力
	选择二：减少孩子绘画的次数	√ 轻松	✗ 影响孩子美感和创造力的提升
	选择三：与孩子一起进行有效的整理与收纳	√ 轻松	√ 不仅便于孩子查找、取放、使用绘画工具，还能提升孩子的各种能力和独立收拾的习惯

画工具及绘画的次数，这会在无形中错失让孩子提升想象力和创造力的良好时机。

结合两个角度分析问题

· 从孩子的角度→如何能够在绘画过程中便捷地查找、取放、使用各种工具？

· 从父母的角度→如何才能做到既便于清洁，又能培养孩子自主收拾的习惯？

在整个绘画过程中，使用各种工具的主体是孩子，他们比父母更懂得在绘画过程中，需要哪些工具及怎样的收纳方法更为便利，所以，在进行绘画工具的整理收纳时，让孩子参与其中非常重要。父母不仅要为孩子打造绘画的环境，还要让孩子认识到创作结束后，收拾用过的工具是整个绘画过程的延续，而并非画完一幅画，拍拍衣服就算结束了。

有的家庭，孩子画完画之后就直接走开，留下各种绘画工具与作品由父母来收拾，这种看似分工明确的做法，不仅给父母带来了负担，还会让孩子产生"收拾自己用过的绘画工具永远是父母的工作，与自己无关"这种错误的意识。让孩子参与整理与收纳的过程，不仅能够培养孩子独立自主的收纳习惯，还能提升思维能力。

整理的过程→能够提升孩子的判断能力和选择能力。（这个绘画工具对我是否有用？我需要留下哪些绘画工具？）

分类的过程→能够提升孩子的观察能力、分析能力和逻辑能力。（哪些笔是同一类的？我根据什么区分它们？）

收纳的过程→能够提升孩子的空间逻辑感，以及对生活和空间的审美能力。（我要把这些工具放在哪个位置？为什么放在那里？美感如何？）

② 整理与收纳的流程图。

第一步，准备阶段。

进行整理收纳前，先腾出一个空间作为操作区域，再同孩子一起把绘画工具全部拿出并集中放在这个操作区域里，这样孩子便能确认并了解目前自己所拥有的绘画工具的数量、种类等。

第二步，整理。

整理过程可以分为清理"垃圾"和分类两个部分。

孩子的绘画工具种类多，形状各异，无法继续使用的都可以算作垃圾，如果不及时清理垃圾，很容易造成可以继续使用的工具与垃圾共存，

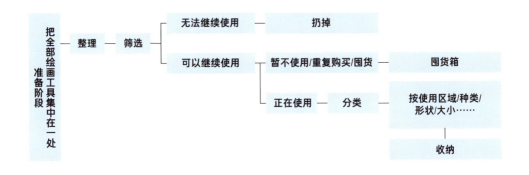

不仅占用空间，也会让孩子无法在短时间内找到想要的工具，影响孩子画画的心情。认真清理垃圾在整个整理过程中起着很重要的作用。

什么样的物品算"垃圾"？

这类现在无法使用或将来也不会用到的工具大部分都是需要清理掉的垃圾。

清理完垃圾后会发现，除了正在使用的工具外，还有一部分是很长一

干了的画笔

囤货箱

空的颜料瓶 / 裂开的毛笔

囤货区域

段时间内暂时不使用或者功能相同的工具，以及一些囤货。这时可以准备一个箱子作为囤货箱，把暂时不需要的和重复的工具都集中收纳在这个囤货箱里，再把囤货箱收纳在儿童床的床底等剩余空间里。每次购买工具前先确认这个囤货箱里是否还有囤货，这样不仅能避免出现相同的绘画工具，也方便管理。

在餐桌上画画

完成以上操作后，操作区域里留下的就是孩子平时经常使用的绘画工具了。接下来，把这些绘画工具进行分类。分类方法有很多，在这里介绍几种比较常用的方法。

按使用区域分类：

孩子平时在餐桌上，还是在儿童房或者茶几上画画？

在儿童房画画

按使用目的分类：

用彩笔涂鸦还是用颜料画画？

用彩笔涂鸦

用颜料画画

按使用频率分类：

常用还是偶尔用？

常用

偶尔用

按使用方法分类：

在某个固定的地方使用，还是常常移动到不同地方使用？

在一个地方使用

在多个地方使用

按工具种类分类：

油画棒或彩笔？

彩笔

油画棒

按工具形状分类：

长或短，粗或细？

粗长

粗短

细长

细短

这样分类不仅方便确定绘画工具需要收纳的地方，也方便选择适合孩子的收纳工具和方法，更有助于孩子在用完之后物归原位。

第三步，收纳。

进行完上述一系列操作后，需要在诸多收纳方法和收纳工具中，选择最适合孩子的方式，将这些经常使用的绘画工具进行收纳。

选择收纳方式时需要考虑以下几点。

年 龄

越是低龄的孩子越要选择简单易懂的收纳方法，随着年龄的增长可以慢慢尝试其他收纳方法。

1～3岁——绘画工具比较少，可以把画笔和画纸收纳在一个盒子里，管理和收拾都很方便。

4～5岁——绘画工具慢慢增多，可以试着跟孩子一起对绘画工具进行简单的分类，并确定收纳方式。

6岁以上——通过对孩子的观察，并和孩子沟通，寻找最适合孩子的收纳方法与工具。

身 高

孩子的成长速度很快，一成不变的收纳高度有时会给他们的身体造成负担。如果放得太低，孩子查找画笔时就需要弯腰，取放都不方便。相反，如果放得太高，孩子不仅无法自己查找，使用完之后也会觉得放回原位很麻烦，便容易随手乱放，从而影响孩子自主收纳的积极性。因此，需要根据孩子的身高适当地调整收纳高度，常用的绘画工具适合收纳在孩子肩膀以下的位置。

性格、习惯、喜好

有的孩子喜欢把画笔放在一眼就能

看见的地方，有的孩子则喜欢把自己心仪的绘画工具放在自己的小抽屉里，这就需要父母仔细观察孩子，并跟孩子沟通后再决定怎么收纳。

定位式收纳

安全因素

孩子的成长环境中存在很多安全隐患，需要父母提前排除，给孩子创造安全舒适的绘画环境。比如，婴幼儿时期的孩子处于感官探索期，喜欢把各种东西放进嘴里，因此，对于这个年龄段的孩子，绘画工具需要放在孩子够不到的地方，使用时再拿出，以免孩子误吞。

③ 常用绘画工具与手工工具的收纳方法。

画 笔

画笔可以分为常用画笔和偶尔用画笔两种类型。

移动式收纳

收纳常用画笔可以用定位式和移动式两种方式。如果孩子喜欢在某个固定的地方画画，如餐桌，可以在餐桌旁或附近划出收纳绘画工具的区域，做定位式收纳；如果没有固定画画的地方，有时在客厅，有时在儿童房，那么可以把经常用的工具集中放在收纳盒中，做移动式收纳，这样孩子拎着盒子到哪里画画都很方便。

偶尔用画笔则适合采用定位式收纳。偶尔用到的绘画工具如果常换位置，反而容易忘记上次用过后放置的位置。

根据使用频率选择定位式收纳或移动式收纳，方便查找和使用，也方便画笔用完后放回原位。

使用原盒收纳

定位式收纳

使用杯子竖放收纳

蜡笔、油画棒

如果是成盒的蜡笔或油画棒，并且盒子内部带有笔槽，就不需要刻意换到另一个收纳盒里，直接整盒取用更便于放回原位，而且每支笔的位置一目了然，数量少了也能马上察觉。如果盒子内部没有笔槽，可以用旧的、矮一些的杯子收纳蜡笔或油画棒，不仅方便使用，也便于清洁。首先考虑原盒，使用不方便时再选择适合的收纳用品。

根据形状、材料、特性分类后竖放收纳

彩 笔

彩笔不仅颜色丰富，还有不同形状、不同材料、不同特性，因此可以据此分类后竖放或斜放收纳。种类多的彩笔先分类，再根据形状选择取放方便的收纳方式。

根据形状、材料、特性分类后斜放收纳

纸杯是一个很好的收纳工具，只要根据需求剪掉上方部分，就可以轻松调整适合取放的高度。

可以分隔收纳各种不同长度的画笔和手工工具

使用颜料的绘画工具

使用颜料绘画时，会同时需要画笔、画纸、洗笔桶、调色板等多种绘画工具，可以先将颜料按类别分类，再把这些工具集中收纳在一个收纳箱里。同时使用的工具集中在一起收纳，更便于使用和管理。

按类别分类后集中收纳在一个收纳盒里

可以利用小推车集中收纳，方便移动，
但容易积灰，需要频繁清洁

桌面文件层架
（可以收纳小于 A4 的不同颜色或大小
的画纸）

画　纸

画纸有不同的大小、材质、颜色及
形状。根据大小、材质、颜色分类后，
分隔收纳，形状不同的画纸则根据
形状选择适合的收纳工具与收纳用
品。画画的地方如果是两处以上，
可以在多处设置收纳画纸的区域。

连体书立
（可以分开收纳各种尺寸的画纸）

绘本架
（可以重新利用闲置的收纳工具）

与孩子一起制作收纳工具，不仅可以增加亲子互动，还可能让孩子对收纳产生兴趣。

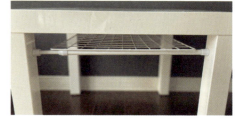

自制的桌底收纳盒
（用伸缩杆和网在小桌子下面做一个收纳板，这样孩子在桌子上画画时伸手就能拿到工具，还可以把刚画完的画放在此处晾干）

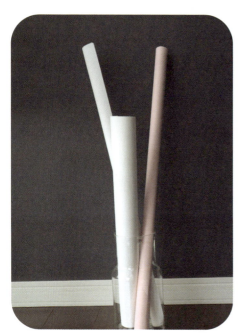

筒状收纳工具
（可以利用家里的筒状收纳工具来收纳卷纸等画纸）

制作带滚轮的收纳盒

（利用带滚轮的收纳盒将画纸和一些常用的画笔收纳在沙发底下，不仅可以让孩子自己轻松拿取，父母清洁沙发底部空间也很方便）

黏 土

将孩子玩黏土时用的各种模具、备用黏土、垫板等集中收纳在一个盒子里，报纸或塑料布也可以一起收纳。每次玩黏土时铺开报纸或塑料布，孩子会

集中收纳黏土相关工具，增加塑料垫便于收拾与清洁

在无意识的情况下尽量把行动范围控制在报纸或塑料布的范围内，有利于玩耍后的整理与清洁。

各种手工工具与材料

零碎的小件适合集中收纳在一个盒

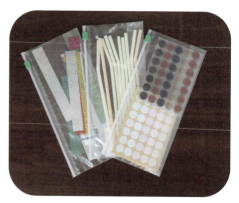

零碎的手工工具利用透明保鲜袋收纳，不仅方便查找，也方便管理

利用不同大小的盒子组合收纳

按种类或大小分类后分隔收纳

子内，盒子内部再用隔板或者透明保鲜袋等分隔。

组合收纳

各种常用的画笔和工具组合收纳在一起，更方便查找和取放。

需要特别注意的是，对于剪刀等尖锐工具，需要注意安全因素，剪刀头部朝下收纳。

各种画笔和手工工具组合收纳

在不影响孩子画画的情况下，选择绘画、手工工具时，尽量选择功能相同或相似，但更方便收纳的工具。

如果无法看到收纳盒内的物品，可以与孩子一起制作图文标签，之后让孩子把标签贴在相应的收纳盒表面。这个过程有助于孩子记住相应的盒子内部放置的东西，便于日后查找和使用后放回原位。

不影响使用，收纳时不占大量的空间

对于孩子的物品，尽量选择动作次数少的收纳方法，也不需要做到很完美，只要不影响孩子查找、取放和使用，孩子能自己物归原位就可以了。不仅如此，父母还要与孩子一起定期检查这些绘画工具，发现问题时及时进行调整和改善，做好日常的管理与清洁工作，为小朋友们提供舒适的绘画环境。

与孩子一起制作标签

三
亲子艺术启蒙的
软环境

在亲子间展开艺术启蒙的时候，难的不是硬环境的打造，而是软环境，即沟通方式和环境氛围的营造。在这个过程中，除了必须要有"硬"的绘画工具，还要配合一些"软"的沟通技巧及良好的环境氛围。

当你想鼓励孩子画一幅画的时候，吃过闭门羹吗？

"妈妈很好奇我在你心里是什么样的，你画个妈妈呗？"

"不会画。""不想。"……

"刚才那个绘本里的毛毛虫好有意思，我们也来画一只毛毛虫吧？"

"不会画。""不想。"……

孩子是真的不会画吗？他们什么时候才想画呢？

孩子好不容易想画了，画好后来找你分享他的作品，你又是怎么回应的呢？

"这幅画画得好吗？好像没有妹妹画得好……"

"你这画得也不像啊……"

"你说说，你这画的都是什么啊？……哦，哦，挺好的。继续加油。"

父母不是美术老师，想在专业上指导实属强人所难，也没有必要，陪伴就是父母最好的立场。那么，父母在没有美术知识和儿童绘画引导经验的情况下有没有什么好方法呢？答案是肯定的。"听"孩子的画就是父母提升孩子绘画兴趣的法宝。

亲子间适当的沟通不仅能够培养孩子对绘画、艺术的兴趣，还能在孩子遇到各种绘画障碍的时候，及时帮孩子排除困难，使其画得更好、更顺利。更关键的是，"听"孩子的画这种亲子绘画沟通，能引导孩子画出符合自己特点的绘画作品，更能够增进亲子间的亲密关系。

这样的方式可以达到三个目的：

· 形成以儿童为中心的艺术启蒙交流方式，建立更加和谐的亲子关系。

· 积极的倾听能使我们通过画面和语言描述两个方面，更加了解孩子内心的感受与当下的想法。

· 儿童采取的是图像优先的学习方式，同时进行抽象的语言学习，"听"画的方式可以用他们擅长的方式提升正在成长的语言能力，培养语言表达的技巧和习惯。

由此，在营造好的亲子艺术启蒙沟通软环境方面，本书提出"听画计划"——只有"听"孩子的画，孩子才能好好画画。

三
亲子艺术启蒙的 软环境

1. "听" 孩子的画

那么，应该如何"听"孩子的画呢？如何问孩子，他们才愿意和我们分享画里的世界和内心的想法呢？怎样的沟通才能让他们更有绘画的兴趣呢？只是夸奖吗？

在与孩子沟通绘画时，如果想要达到此前所说的三个目的，推荐使用美国心理学家卡尔·罗杰斯提出的"积极倾听"的方式。"积极倾听"

强调把 100% 的注意力放在交流对象身上，并且对讲话者所讲的内容不做增减，也不做评判。无条件地接受对方表达的全部内容，和他保持同一个立场，尽可能做到感同身受。这样会让表达者感受到自己被理解和接纳，而且这样充满安全感的环境会让对方所表达的内容更加充分，从而形成一个更加利于保持专注的沟通氛围。

在这个沟通的过程中，首先要营造安心的交流氛围，然后全心全意地倾听，把握会话的主要内容。

营造安心的交流氛围的要点：肢体语言、共情、无条件接纳的态度。

肢体语言 　　　　　　　　　（01）

与孩子沟通时，除了语言上的积极投入，肢体语言也很重要，因为人在交流时，肢体语言约占传递信息的 55%。那具体要怎么做呢？

第一，父母、孩子和画面呈三角形构图。如果孩子用右手画画，父母就站在孩子的左边，将画放在两人的面前。

第二，身体向孩子的方向倾斜。

第三，两腿站稳，不要玩手机。

第四,时不时地和孩子进行目光交流。

第五，不要局促，投入且放松。

共情 （02）

共情包括两个方面：情绪上的感同身受——随着孩子的情绪波动而波动；思考层面的换位——随着孩子的思考和感情的倾向去推演和理解。这就好像父母把自己当作一张白纸，或者以空白容器的状态来听孩子讲述。

除了要在表情和肢体动作上与孩子共情，还需要用语言表达出来。例如，"妈妈听你讲的时候感觉到你很喜欢这幅画，是不是啊"——这是对孩子情感上的共情。"你说你画的是一个……的故事，太有趣了，故事里的这个情节我觉得很有趣，因为……"——这是对孩子思考内容上的共情。

无条件接纳的态度 （03）

第一，对孩子的画保持好奇："哇，你这画的是什么故事啊？能跟我说说你的想法吗？"

第二，按捺住自己的表达欲。

第三，做简单的回应和重复——在孩子打开话匣子时，父母做简单的回应和重复即可，如"嗯""啊""原来是这样"。跟随孩子说话的节奏，不要打断孩子的话，更不要和他你一言我一语地问起来："你是这个意思吗？""怎么会这样呢？我还以为是……"这样很容易打乱孩子组织语言的思路。

第四，保持积极肯定的态度。

第五，在孩子想说但说不出来的时候，耐心等待。如果父母心里很急，他们的想法就会挂在脸上。

第六，保持放松的心态。父母最重要的是积极地倾听，没有必要产生一定要给予什么了不起的回应的压力。

画中故事

右图：送外卖的叔叔拿了一个东西，因为太重了，他就先放到地上。然后，妈妈带着我和皮卡去拿外卖。然后，我们的饭就送到了。那些东西太重，送外卖的叔叔等一会拿，他先去送外卖。这里还有太阳。妈妈带着我和皮卡穿衣服。

——闹闹（3岁10个月）

三
亲子艺术启蒙的软环境

2. 童画点亮家

将孩子的画作为家居的装饰，有三层意义。

第一，孩子的画里充满了他们对世界的感受——有对家人和朋友的爱，有梦想中的世界，还有他们看过的街景、经历过的四季时光。把孩子的画装饰在家里的墙上，通过和画面对话，我们能多一条读懂孩子的通道。

第二，家中挂着孩子的画会让家里

爱的温度骤然升高，这是一种亲子之间无声的表白。

第三，孩子的画是提醒父母保持童心的最佳媒介，它最珍贵的地方在于，不假思索，充满了灵气和天真。把孩子的画作为家中的装饰，也能时常提醒我们保持一颗无邪的童心。

这一行为鼓励了孩子，表达了对孩子的爱，还寄托了父母的情怀，一举三得。

孩子的画在家中的装饰方式主要有两种：挂在墙上和摆在台面上。

如果不想买相框，有三种装饰方法：

· 一开始就选用油画框。

· 用麻绳牵引，订书机固定，做成一个挂绳，再固定到墙上。

· 用不易留痕的纸胶带把画粘贴在墙面上。

三
亲子艺术启蒙的软环境

3. 亲子作品展

策划作品展对孩子的好处 （01）

在家里给孩子策划一个作品展，对孩子有很多好处。

· 激发创造力和想象力：

策划作品展需要孩子动脑筋，思考如何展示自己的作品。在这个过程中，孩子会不断地发挥自己的创造力和想象力，发掘自己的才华和潜力。

·培养表达能力：

孩子在策划作品展的过程中，需要将自己的创意和想法用语言、图形等方式表达出来。这个过程有助于提高孩子的表达能力，增强其沟通能力。

·增强自信心：

在作品展上展示自己的作品会给孩子带来成就感和自豪感，同时，得到家人和朋友的认可和赞扬，也会让孩子更加自信。

·提高艺术修养：

通过策划作品展，孩子可以接触到不同的艺术形式和风格，了解不同的艺术家和他们的作品。这有助于提高孩子的艺术修养和鉴赏能力，培养他们的审美观。

·培养组织能力：

策划作品展需要孩子组织和安排自己的作品，考虑展示方式、时间、场地等各种因素。这有助于培养孩子的组织能力和管理能力，让他们学会如何制订计划和实现目标。

策划作品展对父母的好处 （02）

给孩子策划一个作品展，不仅有助于孩子的成长和发展，对父母也有很多好处。

·与孩子建立更紧密的联系：

策划作品展是一个家庭成员合作的过程，父母可以和孩子一起讨论、规划和执行，从而与孩子建立更紧密的联系，形成更多互动。

·发现孩子的潜力和才华：

通过孩子的作品展示，父母可以更加全面地了解孩子的潜力和才华，发现孩子的优点和擅长的领域，从而更好地引导和帮助孩子挖掘潜力。

·提高家庭成员的亲密度：

通过合作策划作品展，家庭成员之间可以增强理解，增加互动，从而提高家庭成员的亲密度。

·增加家庭的乐趣和活力：

策划作品展是一件有趣的事情，家庭成员可以一起参与和享受这个过程，增加家庭的乐趣和活力。

· **提升父母的教育意识和教育技能：**

通过策划作品展，父母可以更好地了解和引导孩子的成长，提升自己的教育意识和教育技能。

策划作品展的步骤 （03）

当父母和孩子一起策划作品展时，可以根据以下步骤来规划和组织。

第一步，确定主题。

先确定展览的主题，主题可以是季节、节日、历史、文化、艺术等方面。选择的主题应该符合孩子的年龄和爱好，以便激发孩子的兴趣和热情。

第二步，收集作品。

根据主题，孩子可以创作绘画、手工艺、摄影等作品。父母可以帮助孩子收集和分类作品，并确定需要展示的作品数量和种类。

第三步，设计展览。

根据展览的主题和作品的种类，父母和孩子可以一起设计展览的布局和陈列方式。可以使用展板、画框、展示架等物品来展示作品，或者根据主题进行创意布置。

第四步，确定展览时间和场地。

可以选择在家里的客厅、书房、花园等地方，或者在社区等公共场所举办展览。

第五步，布置展览。

父母和孩子可以一起布置展览，确定每个作品的展示位置和说明文字，安排展览的流程和活动，如开幕式、讲解、互动游戏等。

第六步，邀请观众。

在展览前，可以通过短信、电话、社交媒体等方式邀请家人、亲友和邻居一起观看展览。

第七步，评价和反思。

展览结束后，可以和孩子一起回顾展览的过程和收获，探讨如何进一步发挥孩子的潜力和创造力，为下一次展览做准备。

陈列方式及相应的材料和工具 　　　　（04）

作品的陈列方式需要根据主题和作品的种类来确定。以下是一些常见的陈列方式及相应的材料和工具。

· 画框：

适合展示绘画作品，需要准备相应尺寸的画框和钉子，以及展示架或墙面。

· 展板：

适合展示手工艺品、摄影作品等，需要准备展板、画架或支架，以及花瓶、灯笼等装饰物品来营造氛围。

· 报架：

适合展示书籍、杂志等，用报架、展示架或桌子等均可。

· **展示架：**

适合展示各种作品，需要根据作品的大小和重量选择合适的展示架或支架，以及展示布、纸张等材料。

在家中挂画通常需要钉子、螺丝钉、钩子等固定工具，而除了这些传统的工具之外，还可以用一些更加方便、安全且不会损坏墙壁的工具。

· **无痕挂钩和贴片：**

用这些挂钩和贴片可以轻松固定画作和其他装饰品，而且可以在不留下任何痕迹的情况下轻松取下。

· **墙贴：**

墙贴可以为墙面增添趣味性，也可以用来固定画作，而且不会损坏墙壁，也不会留下任何痕迹。

· **磁铁挂钩：**

磁铁挂钩可以用来固定轻型画作，如海报、照片等，适用于金属表面，如冰箱、金属门等。

· **无痕胶带：**

这种胶带不会留下任何痕迹，可以轻松固定画作和其他装饰品，适用于墙壁、玻璃等表面。

在准备展览材料和工具时，还需要注意安全问题，选择适当的材料和工具，避免使用过于锐利或易碎的物品，以防划伤或割伤孩子。展示作品时需要确保作品的稳固性，避免意外摔落而砸伤观众。

三
亲子艺术启蒙的软环境

4. 针对常见绘画问题的沟通要诀

在讨论孩子经常遇到的绘画问题之前，需要明确一点：在亲子艺术启蒙中，我们强调父母应该是一个好的陪伴者和影响者，而非一个引导者。一个好的陪伴者和影响者只要有正确的价值观就够了，而要做专业上的引导，对非艺术专业的父母来说难免会力不从心。如果想让孩子在家中进行专业方向的学习，最好的方式是父母和孩子共同成长，这就是我们所提倡的亲子艺术启蒙——孩子和父母同修的方式。在陪伴式的亲子绘画启蒙中，我们会遇到一些孩子在自由绘画时出现的问题，比如孩子总喜欢画同一种事物，画面总是过分潦草和单一等。

这个时候，孩子的潜台词是什么？我们应该如何跟孩子沟通，帮助他们更好地进行绘画表达呢？这一节将聚焦儿童在家画画时常出现的7种问题，并为父母传授一些切实可行的沟通要诀。

自由绘画有好坏之分吗？

本书的目的并不是让孩子画得更好，而是帮助孩子用绘画更好地表达自己。对此，有人可能会质疑："用绘画表达自己是一件可以被影响的事吗？"根据花花老师7年的亲身实践和教学，答案是肯定的。父母通过语言上的引导，可以帮助孩子克服一些画面问题，让画画变成一件有益孩子身心健康、提升亲子关系的事。

儿童在自由绘画时有以下7种常见的问题：

· 画面过于血腥和暴力。

· 画面过于暴露，喜欢画出隐私部位。

· 画面过于甜美和梦幻。

· 画面过小。

· 画面缺乏原创性。

· 画画时缺乏耐心，草草了事。

· 画面不生动，人物表情僵硬。

孩子在家中画画时，亲子之间的对话常常是这样："妈妈，我想画一只小兔子。""好啊，你怎么想的就怎么画好了。"鼓励孩子画出自己的想法，这十分符合孩子的绘画需要。当孩子画完之后，如果出现了以上7种情况，请你不要气馁，这正是亲子通过绘画进一步沟通的最好契机。

画面过于血腥和暴力 　　　　　　　　　　（01）

幼儿时期和小学低年级的男生喜欢
画打斗的场景。如果孩子的绘画经
常涉及这一主题，建议父母在亲子
陪伴的过程中给他们灌输积极的价
值观。如果听之任之的话，孩子绘
画的题材容易走向单一。

血腥和暴力画面的特点：

·有特定的武器，如刀、大炮、枪、
坦克、弓箭、毒药等。

·有战争的情节设定。

· 有流血、喷血等事件。

· 有受伤事件，如烧伤、刀伤、枪伤等。

· 有涉及死亡和犯罪的联想，如尸体、棺材、墓地及"去死"等语言。

如果发现孩子有此倾向，建议和孩子做以下沟通。

画前沟通："宝贝，你是不是最近在视频或者书里看到流血、暴力的画面了呢？发生战争时确实会有残酷的画面，但你有没有想过，电视、书、美术作品里描绘这样的画面是要提醒大家，不能让这样的事再次发生，人们是抱着世界和平的愿望来画这样的画的。而且妈妈爸爸之前看到你画的流血的画面都有些害怕，所以，妈妈爸爸希望你能考虑一下，怎么画才能更好。""宝贝，你最近经常画打仗、流血的画面，今天能不能画一幅让人看了开心的画呢？"

画后沟通："看到刀刃和流血，感觉他们真的是很疼啊，看这幅画的人也会觉得很难受。不如我们给受伤的人贴上创可贴吧，给他们止止血。"

画面过于暴露，喜欢画出隐私部位 （02）

有些孩子会有喜欢画大便和隐私部位的倾向，尤其是男孩。我经常听到妈妈们说到这个情况，很多人还表达了反感的情绪。很多父母看到孩子这样的画会说："你怎么又画这些东西？别再这样画了，知道吗？"孩子的回答通常是："为什么不能画？这是很正常的嘛。"

孩子在家中画画需要一个开放的环境，要让他们自然而然地表达他们想象的画面。如果父母直接否定孩子，容易破坏他们的积极性，我们需要用耐心和巧妙的方法，来陪伴孩子度过对生理机能好奇的特殊时期。

画前沟通："宝贝今天画的这幅画，妈妈爸爸想挂在家里装饰一下客厅的墙壁，那种看起来会有点影响食欲或者让人难为情的大便或隐私部位就不要画了好吗？"

画后沟通："哇，你的这幅画真有趣。妈妈爸爸小的时候也这么画，把老师气坏了，说我这样画会破坏别人的心情，还会影响食欲。不如我们把黄色的便便涂成蓝色，让它看起来像冰激凌好吗？""这个孩子不穿裤子也太羞羞了，我们给他画上衣服怎么样？"

相比毫无理由的否定，这样耐心的说明更容易解决问题。同时，这也是增强孩子的安全意识和换位思考能力的一种方式。

画面过分甜美和梦幻 （03）

我们经常看到小学低年级或更小的
女孩画这样的画：人物十分甜美，
大大的眼睛，穿着漂亮的裙子，除

此之外，最大的特点是这些人物都
像飘浮在半空中一样，地面上还会
有花花草草。这样画并不是不好，

而是我们可以借用一些话语让孩子的绘画题材有更多的可能。

画前沟通："今天我们用和之前不同的画法吧，你的画会更加可爱的。说不定，画画这件事也会更有趣呢。"

画后沟通：给孩子提示现实环境——"这个故事是发生在哪里呢？公主们住在哪里呢？""她们每天都这么愉快吗？会不会遇到什么不开心的事？"

画面过小 （04）

如果父母只是说"你想怎么画就怎么画"，孩子通常会出现以下情况。

孩子们开心地描绘着自己想象中的世界，他们会和出现在画面中的每一个动物对话，边讲边画。在孩子的自由绘画中，把画面中的角色画得很小的情况十分常见，尤其是小学低年级和学前的女孩。

画面角色过小并不代表画得不够好，只是如果画面过小，涂色时会特别麻烦，用马克笔和油画棒这类粗头笔涂色很难达到孩子心中理想的效果，想把颜色涂在物体轮廓内几乎不可能。如果用细头笔涂色需要极大的耐心，这时候孩子很容易因为着急、受挫而放弃，甚至会因此发脾气，毁坏眼前的作品或涂色工具。为了预防这样的情况发生，建议在孩子画画前就可能出现的情况与孩子进行交流。

"今天就别用铅笔画画了吧。妈妈爸爸记得你上次用铅笔起稿，后边再用油画棒涂色就涂不进去了。好不容易画的一张画，却不好涂色，太可惜了。如果你怕画错不好改，就用颜色偏灰的油画棒，这个颜色很容易擦除，也方便覆盖，就算要改动也不怕。"

"你这幅画是要涂色的吧？角色画得太小的话涂色会很困难，马克笔的笔头会对不准要涂色的位置，要花很多时间的。不如这样，你一开始就画得大一点儿。当然，如果你想多花一些时间，用细笔上色，很细致地完成一个作品也可以。"

画面缺乏原创性　　　　　　　（05）

孩子的画面缺乏原创性一般有两种情况。

第一种情况，画面没有新意。

常见画法的房子、微笑的红太阳、空中飞舞的蝴蝶和小鸟，还有苹果树，这样的场景在幼儿的绘画中出场率极高。前文提到的男生喜欢战

争画、女生喜欢公主画也属于这种情况。

第二种情况，缺少对自己想法的表达。

有的孩子本来有自己的想法，却习惯于照搬身边的朋友或老师的画面。还有的孩子会套用之前看到的绘本

画面，画好的作品和原画如出一辙。这些都是孩子缺乏原创力的体现。

相比之下，第二种情况更为棘手。孩子主动去模仿他认为画得好的画，本身没有问题，但是，如果总是不能用绘画表达自己的想法，画面就会缺少灵气。敏锐的感受和天马行空的想象是孩子的画中最宝贵的地方，因此，当父母看到孩子有类似情况时，要立场鲜明地肯定孩子的原创内容，保护孩子的想象力和创造性。

如果孩子已经有类似倾向，我们要明确地对孩子说："我们画画可以参考绘本、朋友和老师的画面，但不能原样照搬。"此后，可以和孩子进行以下交流，让他深入理解为什么要原创。

画前沟通："虽然画得好是一件好事，但是能创造新的形象、发现不一样的画法更有价值。照着画出动画片和书里的人物不难，开动脑筋画出自己的创意才难。我们一起做爱动脑的画家吧。""我们一起来看看这些角色是怎么设计的吧，不一定要照原样画。你看《龙猫》里有一辆猫巴士，猫巴士行驶是靠它的 12 条腿，那它就是由一个动物和一种交通工具组合成的。那么，熊猫加上飞机，你能想到什么创意？"

画后沟通："哇，你画了动画中的人物啊，妈妈听说有一种绘画创作方法叫二次创作，你这就是二次创作吧？能说说你在画中加入了什么想法吗？"

画画时缺乏耐心，草草了事 　　　（06）

孩子在家画画时，我们经常觉得他们画得十分潦草，便对孩子说："再往下画一画吧。""涂涂颜色吧。""这张纸还有这么多空的地方呢，不给它加点背景环境吗？"可这个时候，孩子只想结束，去做别的事，而且还会说："你不是说过我想怎么画就怎么画吗？这就是我的想法，我想

的就是不涂色……"有时候我们也会质疑自己到底该不该要求他们。

想要解决这个问题，我们需要一些沟通技巧。

·提议孩子用彩色卡纸作画，"今天用彩色的纸来画画吧，这样就不用担心背景很空了"。

· 如果画面过于简单，就多向孩子提问题。例如，孩子画了如上图那样的人物，父母可以问："这个人是谁？长什么样子？在干什么？他在哪里？这里有什么？他为什么在这里……"然后，把这些信息记录在画纸上。父母要向孩子传达"如果你能画出更多信息，我就会更明白你想表达什么"。

画面不生动，人物表情僵硬 （07）

如右下角这张图，人物表情僵硬，画面就会缺少感染力，就好像证件照一样，拍照时有很多限制，比如不能笑、短时间内不能动等。但画画不是拍证件照，可以有很多姿势和有趣的表情。这时我们可以引导孩子借助"打破平衡的游戏"来增加画面的生动性。

以画人物为例，在画脸部时，可以故意把纸放歪一点儿，画下一个部分时再把画纸倾斜一下，看看会出现什么样的面部表情。画中人物的脖子、嘴巴和眼睛扭动起来之后，整个表情都会变得灵活很多。通过这个游戏，让孩子更好地观察生活中动态的事物，多尝试，会让他们的作品画面更加灵动。

实践篇

四　2～5岁篇：家庭艺术启蒙游戏

五　6～12岁篇：亲子漫画日记

六　亲子互动艺术鉴赏法

七　亲子美感启蒙实践

八　儿童艺术素养培育路线图

亲子艺术启蒙实践的目的：

亲子关系——通过陪伴增强儿童的安全感，培养换位思考的能力。

美学能力——通过美学资料的输入，提升儿童的输出能力和创造力。

学习能力——通过绘画工具的熟练使用，锻炼儿童的思维能力。

四
2～5岁篇:
家庭艺术启蒙游戏

父母的参与是儿童艺术启蒙的捷径,建议家长在孩子6岁前陪伴孩子掌握前文提到的7种主要绘画工具(见P.34),并通过本章介绍的绘画游戏了解形状、色彩、空间的启蒙等美学知识。

1. 2岁

快乐涂鸦   （**01**）

在家里让 2 岁的孩子用油画棒（水彩）自由绘画看似简单，但容易在工具选择和环境利用方面出现棘手的问题，需要注意以下几点：

· **准备好适合孩子的油画棒（水彩）和纸张：**

选择无毒、易擦拭的油画棒和足够大的纸，保证孩子在绘画时感觉安心和自由。

· **提供充足的绘画时间：**

孩子需要足够的时间来自由绘画，不要急于让孩子完成作品或者强制孩子画某个主题或场景。

130

· **提供整洁的环境：**

油画棒（水彩）比较容易弄脏环境，在绘画之前需要为孩子提供整洁的环境和工具。同时，在孩子画完之后也需要及时清洁油画棒，以免油画棒被损坏。

· **养成欣赏和保留作品的习惯：**

在孩子完成作品后，把作品挂在墙上或者家里的走廊展示，这样可以鼓励孩子继续创作。

自由绘画是一种很好的培养孩子艺术兴趣和创造力的方式，在这个过程中，我们应该鼓励孩子自由表达自己的想法和创意，提供足够的时间和环境，同时也需要注意安全和整洁。

· **鼓励孩子自由表达：**

不要评价或指导孩子的绘画，而是鼓励孩子自由表达自己的想法和创意。可以询问孩子关于作品的细节或者想法，让孩子自己解释。

五彩世界的探险 　　　　　　　　（02）

当2岁的孩子开始涂画时，他们会对新的颜色和质地感到兴奋和好奇，父母应该满足他们探索绘画材料的需要。

① **步骤。**

· 准备好颜料、纸张、海绵等材料。

· 把颜料放在容器里，可以准备几种不同颜色和质地的颜料。

· 给孩子介绍颜料和工具，并告诉他们可以用手指或海绵来涂画。

· 让孩子自由涂画，鼓励他们尝试

不同的颜色和质地。

·鼓励孩子使用手指或海绵创造出不同的效果，如点、线或涂抹等。

② **注意事项。**

·确保孩子在涂画时有足够的空间，避免弄脏周围的物品。

·使用易清洗的颜料和工具。

·监督孩子，确保他们不会吃颜料或将其涂抹在不恰当的地方。

·让孩子参与整个过程，但要保持轻松愉快的氛围，避免强迫孩子。

除了水粉或者拇指蘸颜料的涂鸦游戏，还可以和 2 岁左右的孩子一起玩色彩混合及方形卫生纸吸湿游戏。需要提醒的是，这个游戏需要准备水彩笔补充墨水，这样效果最好（游戏步骤如示意图）。

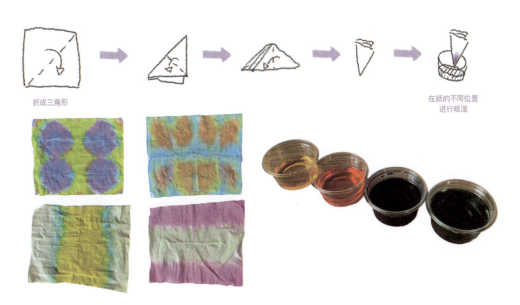

折成三角形

在纸的不同位置进行吸湿

我是剪纸发型师 （03）

手撕报纸拼贴是一种非常适合 2 岁儿童进行的绘画游戏，它可以帮助孩子锻炼手眼协调能力，提升创造力和想象力。

① **步骤。**

亲子用你一笔我一笔的游戏方式画出人物发型以外的上半身形象。准备一些颜色鲜艳的彩纸或者报纸，让孩子先用手撕成曲线或直线条状，然后用这些线条拼贴出人物发型，由此创作出一个独特的画面。

② **注意事项。**

要根据孩子的年龄和能力适当调整游戏难度，不要过于复杂，以免让孩子产生挫败感。

形状贴贴乐 　　　　　　　　　　　　（04）

自由剪纸游戏和手撕报纸拼贴画一样，既能锻炼孩子的手眼协调能力，还能够激发他们的创造力和想象力。然而，由于 2 岁儿童的手部协调能力尚未完全发育，使用剪刀时要多加注意。

① 步骤。

建议先从一刀剪法开始练习，这样

可以降低孩子受伤的风险，同时也能够培养他们的耐心和技能。可以用较厚的彩纸或者废旧杂志练习，让孩子先剪出直线，然后逐渐增加难度，如剪出波浪线或曲线等。家长可以先示范，然后让孩子自己动手尝试。

② 注意事项。

在进行自由剪纸游戏时，孩子需要家长的监督和指导。先要确保孩子使用的剪刀符合儿童安全标准，剪刀的刃口应该是圆润的，不易割伤孩子的手指。同时，孩子在使用剪刀时，需要保持端正的坐姿，手腕稍微抬起，让剪刀更容易操作。在游戏过程中，家长要时刻关注孩子的安全，避免孩子剪伤自己。同时，及时清理剪下来的小纸屑，避免孩子误食。

在剪纸的过程中，家长可以为孩子提供一些灵感，例如，将不同颜色的纸剪出各种形状，或者在剪出的形状上添加一些装饰物，让孩子感受到剪纸的乐趣和成就感。

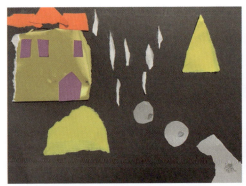

DIY 纸杯 （05）

用彩色胶带装饰纸杯可以训练孩子的精细动作，因为他们需要控制手指去裁剪和粘贴彩色胶带，同时，还可以让孩子学会利用有限的材料发挥无限的想象力。

① 步骤。

首先，给孩子提供一些白色的纸杯和各种颜色的彩色胶带。然后，让孩子自由地使用彩色胶带装饰纸杯，可以画一些简单的图案或者用不同颜色的胶带拼贴出自己喜欢的图案。

② 注意事项。

在这个过程中，家长可以帮助孩子剪下适当长度的胶带，但注意不要让孩子接触剪刀锋利的部分。

以作为亲子角色扮演游戏的道具来使用。

因为纸杯底面是圆形的，所以还可以设计左右平衡的装饰，让纸杯转起来，这个过程既能体验色彩和形象的变化和美感，也是十分有趣的亲子游戏。

除了装饰纸杯，还可以制作一个简易的人形手偶杯。制作方法如下：把纸杯倒过来放置，给纸杯加上人或动物的五官，在如图位置用锥子或美工刀抠出两个洞作为"胳膊"伸出来的位置。这个纸杯游戏还可

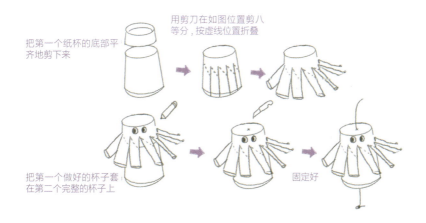

把第一个纸杯的底部平齐地剪下来

用剪刀在如图位置剪八等分，按虚线位置折叠

把第一个做好的杯子套在第二个完整的杯子上

固定好

巧用塑料袋 （06）

①步骤。

找一个透明的塑料袋，将其吹成一个球体，然后让孩子选择自己喜欢的颜色的胶带纸贴在球体表面，做出自己想要的装饰图案。孩子可以随意发挥自己的创意，感受创造的乐趣和成就感。

还可以把做好的塑料袋球放在家里的薄毛毯中做一个毛毯宠物。具体步骤是：用橡胶圈在毛毯合适的位置固定出宠物的两个耳朵，再把塑料袋球放入毯子，用橡胶圈固定出颈部，随后画出宠物的五官作为装饰。

② **注意事项。**

在玩这个游戏时，需要注意孩子的安全，最好在孩子玩的时候一直陪伴在他们身边，帮助他们正确地玩这个游戏。

四
2~5岁篇：
家庭艺术启蒙游戏

2. 3岁

情感连接画 （01）

3岁的孩子已经能够辨认和描述家人和朋友的外貌特征，并且具备了一定的绘画能力，鼓励他们画出自己的家人和朋友，可以帮助他们进一步发挥自己的创造性和艺术天赋，同时也有助于他们表达自己的情感和思想，还可以增强他们与家人和朋友之间的情感联系。

① **步骤。**

在进行这个游戏时，可以为孩子提供各种绘画工具，如彩铅、水彩颜料、彩笔等，让孩子自由发挥。也可以给孩子一个用彩色卡纸剪好的人脸形状，再由孩子添加五官等细节并涂上颜色，让孩子在绘画中感受创造力和成就感。

② **注意事项。**

· 给孩子足够的时间和空间，让他们自由发挥，不要限制孩子的创作思路和方式。

· 为孩子提供合适的绘画工具和材料，确保孩子安全。

· 鼓励孩子表达自己的想法和感受，尊重孩子的创意和个性。

· 完成绘画后，可以和孩子一起欣赏和评论孩子的作品，鼓励孩子继续发挥自己的创造力和艺术天赋。

油水分离的魔法 （02）

这个游戏可以帮助 3 岁的孩子发挥他们的创造力和艺术技能，同时，也可以让他们了解油和水的不同性质，以及如何运用这些性质去创造独特的艺术品。

① 步骤。

首先，让孩子用油画棒在纸上画出自己喜欢的形象或图案。然后，用水彩颜料在纸上涂上他们想要的颜色。当水彩颜料碰到油画棒的线条时，颜料会被油吸附，从而使线条凸起来，形成清晰的边缘。孩子可以根据自己的创意去探索不同的颜色和线条组合。

② 注意事项。

在进行这个游戏时，油画棒可能会弄脏孩子的手和衣服，因此，建议游戏时穿旧衣服或罩衣。此外，注意不要让孩子吞食颜料或将颜料涂到眼睛等敏感部位。

形状全家福 （03）

剪纸游戏既能培养孩子的手工技能，还能提高他们的专注力和创造力。玩这个游戏遵循以下循序渐进的步骤非常重要：单个方向一次剪成→换方向连续剪出一个完整的封闭图形→多种图形的剪裁→图形组合创作。

① **步骤。**

首先，准备好剪刀和各种颜色的纸，让孩子从将纸剪成两半开始，引导他们学习使用剪刀的技巧。当他们掌握了这些技巧之后，就可以尝试换方向连续剪出一个完整的封闭图形，如正方形、三角形、圆形等。然后，可以引导他们尝试多种图形的剪裁，如剪出椭圆形、五角形等。最后，让孩子尝试图形组合创作，例如，把多个图形组合起来做成花朵、动物等创意作品。完成的作品可以用作家庭装饰，或者送给家人和朋友。

② **注意事项。**

孩子在使用剪刀的时候需要有成人监督和指导，以确保安全。同时，要让孩子掌握正确的握剪刀方式，保护手指不受伤害。此外，要鼓励孩子在创作过程中发挥想象力，不必过于追求完美，让他们在愉悦的氛围中享受剪纸的乐趣。

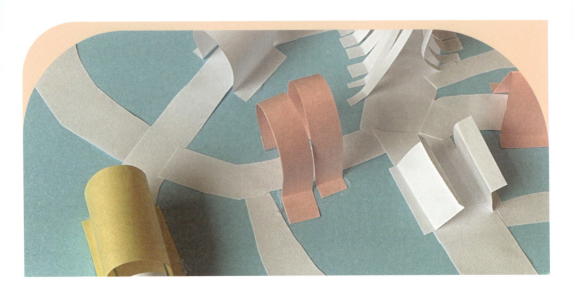

彩色路线拼拼乐 （04）

这个绘画游戏可以帮助儿童练习手眼协调能力和粘贴技能，同时也能激发他们的创造力和想象力。

还可以引导孩子学习关于地图和导航的基本概念，让他们在游戏中获得一些知识和技能。

① 步骤。

游戏的玩法很简单，只需要将彩色长纸条撕成不同长度的小段，然后用固体胶棒将它们粘成一条线。孩子可以选择自己喜欢的颜色和形状，创建自己的独特路线图。这个游戏

② 注意事项。

在玩这个游戏之前，要确保孩子已经掌握了使用固体胶棒的方法。父母可以在孩子旁边给予必要的帮助。此外，注意不要让孩子将小部件放入口中。

146

胶带美化家 （05）

这个绘画游戏可以锻炼孩子的创造力，同时让孩子了解如何使用日常物品进行装饰和 DIY。

① 步骤。

孩子们可以使用各种彩色胶带和装饰品来装饰白色纸袋，并制作自己喜欢的生活用品。

② 注意事项。

孩子在使用剪刀和其他工具时需要注意安全，避免意外伤害。

四
2～5岁篇:
家庭艺术启蒙游戏

3. 4岁

形状变变变 （01）

4岁的儿童可以使用油画棒和蜡笔自由地绘画，并且可以通过观察和想象去描绘生活中的事物。这时候孩子会出现畏难情绪，不知道该怎么表现和描绘生活中的事物，父母可以和孩子一起玩这个"形状变变变"的游戏，让简单的几何形状来

帮忙。例如,父母可以问孩子:"不会画这只虫子啊,那你一定会画圆圈、方块吧。你看看,这只虫子是什么形状的?是圆形、方形,还是鸡蛋形、船形?"通过这样的引导可以帮助孩子找到自信,发现事物外形的规律,从而勇敢下笔。

① 好处。

· 帮助孩子熟悉油画棒和蜡笔的使用方法。

· 激发孩子的创造力和想象力。

· 培养孩子的观察能力、绘画信心和技能。

② 步骤。

· 准备好油画棒和蜡笔,引导孩子通过观察生活中的事物自由绘画。

· 鼓励孩子在绘画的过程中联想简单的形状,以及想象和创造。

· 和孩子一起讨论绘画内容,以及形状的变化,激发孩子的思维和语言能力。

③ 注意事项。

· 使用油画棒和蜡笔时,需要避免孩子误食和误伤。

· 不要强求孩子画出完美的作品,要鼓励孩子表达自己的想法和情感。

· 绘画材料不用时需要放在孩子无法触及的地方。

彩虹胸针 （02）

使用各种水彩笔和油性笔，在纸片上画出自己喜欢的形象，并将其贴在塑胶薄膜上，制作成胸针。

① 好处。

· 帮助孩子学习使用彩笔和水彩笔，提升绘画技能。

· 培养孩子的创造力和想象力。

· 让孩子感受到自己的创意被制作成实物的乐趣。

· 提高孩子的手眼协调能力和动手能力。

② 步骤。

· 给孩子准备好彩笔、水彩笔、塑胶薄膜、剪刀和曲别针。

· 让孩子自由画出自己喜欢的形象。

· 将完成后的形象剪下来，贴在塑胶薄膜上。

· 使用剪刀和曲别针制作成胸针。

③ 注意事项。

· 孩子在使用剪刀和曲别针时需要注意安全。

· 使用彩笔和水彩笔时要避免弄脏衣服和周围物品。

· 家长需要在旁边协助和监督孩子操作。

盘子怪兽   （03）

可以用各种各样的油性彩笔和丙烯笔在空白的盘子上进行创作，让孩子在上面随意画画。

① 好处。

· 帮助孩子了解不同类型的画笔和颜料。

· 提高孩子的绘画技能和创造力。

· 培养孩子的想象力和艺术鉴赏能力。

· 帮助孩子感受艺术创作的乐趣。

② 步骤。

·给孩子准备好透明的盘子、油性彩笔和丙烯笔。

·让孩子把自己创作的怪兽画在根据示意图做成的立体盘子上，可以用彩笔画出图案，也可以用丙烯笔涂抹。

③ 注意事项。

·使用油性彩笔和丙烯笔时注意不要弄脏衣服和周围物品。

·创作时需要注意安全，不要用力过度，防止意外发生。

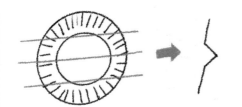

在三等分处进行折叠　　折叠后纸盘侧面呈此造型

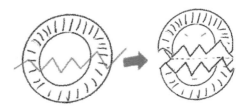

另一个纸盘从中间以想要的造型剪开　　把两个纸盘重叠，用订书机进行固定

牛皮纸头饰 （04）

父母和孩子共同用牛皮纸袋进行创

作，制作有趣的头饰。

① **好处。**

· 锻炼孩子的手眼协调能力。

· 提高孩子的创意思维和创作能力。

· 培养孩子的动手能力和耐心。

· 增强孩子的自信心，让孩子获得成就感。

② **步骤。**

· 准备好牛皮纸袋、剪刀、彩笔、贴纸、丝带等装饰物品。

· 让孩子用剪刀剪开牛皮纸袋，留出他们脸部的长度即可。

· 让孩子在平面上画出自己喜欢的图案。

· 绘画完成后，让孩子用彩笔或贴纸进行装饰，提升头饰的美观度。

· 让孩子把头饰绑在头上，展示自己的创作。

③ **注意事项。**

· 孩子在使用剪刀时需要注意安全，家长要在旁边协助。

· 绘画时注意不要弄脏周围物品。

四
2～5岁篇：
家庭艺术启蒙游戏

4. 5岁

孩子5岁时，可以尝试一些比较复杂的手工活动，通过灵活地运用各种工具促进大脑的发育，并为他们日后的探索和学习做好准备。

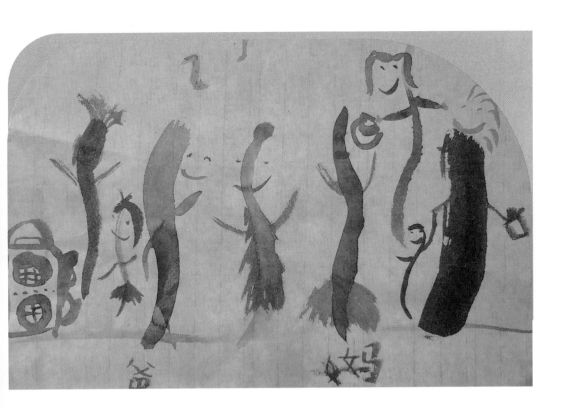

一条线的冒险　　　　　　　　　　　　　　（01）

这个游戏要求孩子用一条线勾勒出各种不同的形状和人物，促进他们自由绘画能力的提升，锻炼手眼协调能力，培养其想象力和创造力。

游戏的玩法很简单，孩子只需要用一条线勾勒出各种不同的形状和人物即可。开始时，可以先让孩子尝试画一些简单的形状，如圆形、三角形、正方形等。随着孩子绘画技能的不断提高，可以逐渐增加难度，让他们尝试画一些更加复杂的形状和人物。

立体小物件 （02）

5 岁的孩子能更加灵活地使用剪刀了，可以尝试制作一些立体小物件，这有助于提高他们的空间感知能力和手工技能。让孩子们自由发挥想象力，将纸杯和其他材料组合起来，创作出立体小作品。玩游戏时要注意安全，确保孩子正确使用剪刀和其他工具。

除了纸杯再准备一根一次性筷子和两个塑料吸管，就可以做如图所示的纸杯人偶了。这个纸杯人偶分两种，一种是连体的，另一种是分体的。连体的步骤较为简单，适合刚开始接触手工的儿童来做。需要提醒的是，油性马克笔和丙烯马克笔更适合在纸杯上作画。快来按照图示行动起来吧！

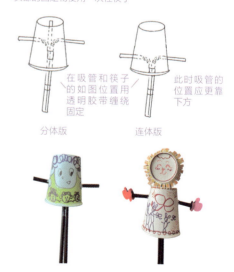

头部的固定物使用一次性筷子

在吸管和筷子的如图位置用透明胶带缠绕固定

此时吸管的位置应更靠下方

分体版　　　　连体版

我家的大房子 　　　　　　　　　　（03）

用纸胶带、厚纸片、纸箱、瓦楞纸等材料建造立体世界，可以激发孩子的创造力和想象力，同时可以提高他们的于工能力和空间感知能力。在游戏中，孩子可以制作自己喜欢的小动物、房子和玩偶等立体造型，并组合成一个立体迷宫，让孩子在探索中学习和成长。使用剪刀时要注意安全，家长应该在旁边监督并指导孩子。

订书机面具 　　　　　　　　　　　（04）

这个游戏可以促进孩子的手眼协调
能力、创造力和想象力的发展。孩
子可以用订书机把一些纸片或者彩
纸订在一起，用各种颜色的画笔在
上面进行绘画和装饰，再穿上橡皮

筋便于佩戴，这样就可以制作出独
特的面具。游戏中要确保孩子使用
订书机时的安全，建议在父母的监
护下进行。

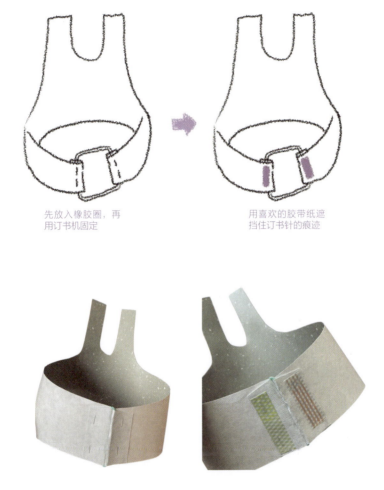

先放入橡胶圈，再
用订书机固定

用喜欢的胶带纸遮
挡住订书针的痕迹

五
6～12岁篇:
亲子漫画日记

记录亲子生活，用视觉记录提升儿童绘画技能。

1. 什么是亲子漫画

亲子漫画是一种结合亲子关系、生活和成长等元素的漫画形式，它通过寓教于乐的方式，以幽默、温馨、感人等风格，让孩子和家长一起享受阅读的乐趣，同时也能够促进家庭关系的和谐，增强亲子间的沟通。

近年来，亲子漫画越来越受到家长和孩子的喜爱，也有越来越多的人开始创作这类漫画作品。那么，为什么要采用格子漫画，尤其是四格漫画这种形式呢？

第一

格子漫画的形式简单易懂，孩子可以轻松掌握，而且格子漫画的画面一般比较简单，孩子和家长都容易上手。此外，格子漫画的长度和复杂度可以根据孩子的年龄和能力水平来调整，因此适合不同年龄段的孩子。

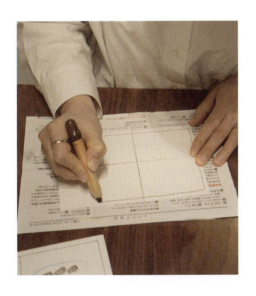

第二

格子漫画的创作过程注重故事情节的发展，这可以帮助孩子进行思维活动。孩子需要根据故事情节进行逻辑思考和创意构思，同时还需要考虑画面的布局和色彩的搭配，这可以帮助孩子培养想象力、创造力和逻辑思维能力。

第三

格子漫画的创作需要孩子有一定的耐心和毅力，因为完成一幅漫画可能需要多次修改和完善。这可以帮助孩子养成坚持和自我完善的良好习惯。

第四

漫画通常由文字和图像两部分组成，

可以有效地提高孩子的语言表达能力。孩子需要将文字和图像结合起来，运用自己的语言能力来描述故事情节、角色特点和情感表达等。这样的练习有助于提高孩子的口头表达能力和沟通能力，同时也促进了他们的想象力和创造力的发展。

第五

更重要的是，在创作亲子漫画的过程中，孩子和父母可以相互交流、相互倾听，共同思考画面和故事的发展，这可以促进家庭成员之间的情感沟通和交流，加深亲子关系。而画完之后的沟通环节更是可以成为温馨的亲子聊天时间，父母可以和孩子一起回顾创作的过程，分享想法和感受，鼓励孩子表达自己的

想法和意见，从而提高孩子的语言表达能力和思维能力，培养孩子的创造力和想象力。此外，亲子共同创作漫画也可以促使父母育儿的心态转变，让他们更加关注孩子的需求和兴趣，尊重孩子的个性，从而更好地引导孩子成长。

总之

通过创作格子漫画，亲子可以一起参与其中，培养孩子的想象力、创造力、逻辑思维能力、耐心、毅力和语言表达能力，以及增进亲子关系。同时，格子漫画简单易懂、长度灵活和趣味性强等特点也使它成为一种适合亲子共同参与的绘画形式。

五
6～12岁篇：
亲子漫画日记

2. 亲子日常漫画

本节将分享两个领域的亲子漫画创作主题：生活领域——提升孩子观察思考和感知记忆的能力；美学领域——帮助孩子养成良好的观察习惯，丰富美感素材库。这些以亲子互动的形式展开的漫画创作更具趣味性，通过长时间的积累，父母就能从互动和漫画作品中窥见孩子的成长和改变。接下来，我们就来看看这两个领域的主题绘画应该怎么展开吧。

亲子日记漫画 （01）

日记漫画可以用来记录一天之中发生的事情，当然也可以是周记或月度的总结。将日常记录变成漫画会十分生动有趣，给大家推荐一个

有益于增强亲子关系的日记漫画主题——"最开心和最难过"：一天当中会发生很多事，如果挑不出想记录的事，不如画一下这一天让你最开心和最难过的事吧。当孩子画不开心的事的时候，我们要注意孩子的神态、语言和身体的微变化，观察孩子难过的程度，感受他们内心的状态，并针对让其不愉快的事做深入的交流和疏导。

亲子美食漫画 （02）

"一天的食物"：如果这一天，你是和孩子一起度过的，就可以你画一道菜，孩子画一道菜，来一个主题接龙。如果这一天，你们不是一同度过的，那么可以每人画一幅美食宫格漫画，玩你画我猜的游戏，猜猜对方吃了什么。

亲子美食漫画为孩子和父母创造了一个共同学习和探索美食的机会。在画画的过程中，孩子和父母可以一起学习食材的知识、美食的制作方法和食品安全知识等。这不仅可以提高孩子的认知能力和实践能力，同时还可以加强孩子和父母之间的情感交流和互动。

此外，通过描绘健康美味的食物，孩子可以了解食物的重要性以及如何合理搭配食物，从而养成良好的饮食习惯，并掌握营养均衡的饮食原则。对父母来说，画亲子美食漫画也是一种放松和减轻压力的方式，同时还可以让父母更加关注孩子的健康和饮食问题。

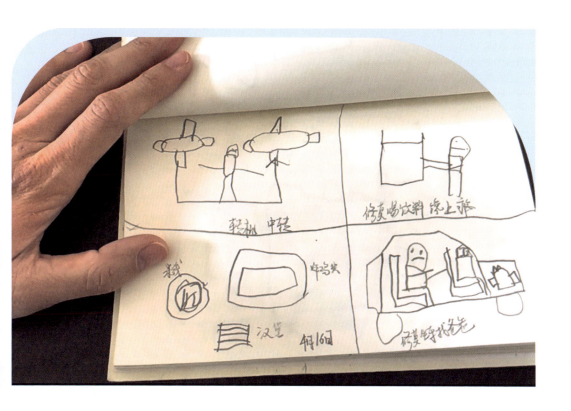

亲子旅行漫画 （03）

"一天的经过"：这是一个有趣又可以帮助孩子提升记忆力的主题，虽然听起来像流水账，但是画出来会发现很多惊喜。比如，小 D 和妈妈把旅行过程中去过的地方、做过的事"填"在漫画的格子里，半年后又翻到这张画的时候，两个人都觉得"看着这些简单的形象，感觉那次旅行发生的事还历历在目"。在这个亲子漫画案例中，孩子一开始不想画，是妈妈先画起来，由此带动了孩子的绘画兴趣，才让孩子一画就停不下来了。

父母的行为和兴趣很容易影响孩子，尤其在孩子的成长过程中。父母在亲子漫画中展示出的创造力和想象力，也会为孩子提供一个激发自己想象力和创造力的机会。同时，共同创作漫画还可以增进家庭成员之间的互动和沟通，让父母更加了解孩子的想法和感受，从而建立更加亲密的关系。共同创作漫画也可以增强家庭成员的归属感，让家庭更加和睦、温馨、团结。

亲子自然漫画 （04）

首先，亲子共同观察家中的植物，挑选各自最喜欢的部分作画，如树叶、花朵、果实等。

然后，父母和孩子互相观察对方的面部特征，画出对方的样子。可以先画出简单的轮廓，再慢慢填充细节。

最后，将自己画的植物和对方的形象剪下来拼贴在一起，创造出新的形象，并将作品贴在墙上或者放在窗台上。

这样的活动可以让孩子更好地观察和理解植物的特点，发现植物的美，同时也促进了家庭成员之间的互动和合作。另外，通过画对方的面部特征，还可以增强孩子对人脸的观察和认知能力。

在上页所示的亲子漫画中，妈妈画出孩子漂亮、可爱的样子，而孩子则画出了妈妈微笑的表情。通过这幅漫画，妈妈感受到了孩子的爱和关注，孩子也从妈妈那里获得了正能量，这种无声的互动和情感的传递，让母女俩都感到非常美好和满足。

亲子鉴赏漫画　　　　　　　　　　（05）

鉴赏过程用漫画来记录和延展，也是一个可以吸引孩子多看画、学会看画的"武器"。亲子漫画能够通过父母和孩子一起创作、分享和欣赏作品的过程，增进双方对艺术的理解，提高鉴赏能力。在亲子欣赏漫画作品的过程中，父母能够引导孩子理解作品的主题、表现手法、情感表达等，增进孩子对艺术的理解，增强鉴赏能力，也为家庭营造了艺术氛围，创造了亲子共同成长的机会。下面是两个原创宫格漫画游戏模板，大家可以结合下一章的艺术鉴赏法，活用这一绘画表现形式。

· 模板一：

适合 5 岁以上孩子——三格亲子互动鉴赏漫画。

左边或上边：父母和孩子分别画上几何人物形象及对话。

剩下的位置分成两格：父母和孩子分别画上自己最喜欢的形状或颜色。

延伸：孩子如果还想画，可以另外准备一张纸，画上他们联想到的事物。

· 模板二：

适合小学生及更大的孩子——三格亲子互动鉴赏漫画升级版。

第一格——背景介绍格：父母画作品，也可以使用拼贴的方法；亲子分别画一个几何形状的人物。

第二格——对话表情记录格：角色互换，记录对方的鉴赏反应和话语。

第三格——互动绘画格：你一笔我一笔，画面元素接龙绘画。

延伸：

鉴赏结束后，如果孩子还有余兴，可以建议他把接龙游戏中最有趣的想法画成一幅完整的绘画作品。

接下来，我们看一下孩子对这幅画的叙述。

"（第一格）我们鉴赏的这个蓝色画是妈妈画的。（第二格）画上有一个东西很奇怪，不知道是什么，妈妈觉得像章鱼，我觉得像乌龟，妈妈又觉得像海马。（第三格）最后，我们发现聊的都是海里的动物，就画了更多的海洋生物，我画了一条

鲨鱼，还有鳄鱼（虽然不是海里的）。蓝色的海洋是妈妈涂的。"

可以发现，通过宫格漫画，孩子的叙述更加清晰了。不仅如此，孩子妈妈还和我们分享，在共同创作绘画的环节，孩子愿意和她合作，一起完成一幅画，让妈妈很意外。她说："之前我和孩子沟通困难，孩子很叛逆，通过这种同赏、共绘的绘画鉴赏方法，孩子竟然逐渐接纳了我的提议，能听进我说的话了。"我们从孩子的表述和画面中人物丰富的表情中也能发现，和妈妈一同鉴赏和创作的过程对她来说很有趣，在最终的作品中，她和妈妈还成了画面的主角，这就是亲子互动漫画的魅力。

亲子鉴赏漫画的功能不仅局限于赏

析艺术作品，更重要的是将亲子间的情感交流和感性体验转化为视觉语言，成为绘画作品中的形态和符号。在鉴赏过程中，孩子和家长的想象和思维碰撞会在作品中留下独特的痕迹，绘画过程中的互动和情感交流也会呈现于画面之上，成为一段美好的记忆。因此，亲子鉴赏漫画不仅是一种艺术形式，更是一种感性与理性、亲子情感与艺术表达的完美融合。

如下图所示，孩子在看过以雕刻瘦削的人物而闻名的雕塑家阿尔贝托·贾科梅蒂的作品后，将自己想象中的画面用漫画表现出来——孩子说，她仿佛看到那里着火了，这个瘦削的人步履匆匆地找近旁的人询问火情。

亲子阅读漫画 　　　　　　　　　　（06）

亲子阅读是亲子陪伴中重要的活动。读完绘本之后，是不是总觉得意犹未尽呢？这时候，我们可以拿一张白纸，打上格子，开始共同畅想故事续集或做故事新编的漫画游戏。

将阅读过的故事改编或续编成漫画有以下意义：

· **激发创造力：**

让孩子创造属于自己的故事情节和人物形象，提高他们的想象力和创造力。

· **加深理解：**

通过改编或续编故事的过程，孩子

可以更加深入地理解故事的情节和细节。

·提高绘画技能:

通过漫画的绘制,孩子可以锻炼自己的绘画技能和手眼协调能力。

·增强亲子关系:

亲子共同参与漫画创作,可以增强彼此间的亲密感和信任感,促进亲子关系的和谐。

·培养兴趣:

通过这样的创作方式,可以让孩子对阅读产生兴趣,帮助孩子从小养成良好的阅读习惯,为其未来的学习和生活打下良好的基础。另外,还可以培养他们对艺术的热爱。

在进行亲子漫画故事改编时,角色扮演和接龙创作都是非常好的方式。

① 角色扮演

在角色扮演中,家长和孩子可以选择自己喜欢的故事情节,扮演里面的角色,并通过对话和表情来表达故事情节,这样可以让孩子更加深入地理解角色和故事情节,增加与家长的亲密感。此外,角色扮演也能够增强孩子的想象力和表达能力。

② 接龙创作

在接龙创作中，家长和孩子可以"你一格，我一格"，轮流讲述故事情节，并逐步添加新一格的情节和角色，让故事情节变得更加丰富有趣。

此外，接龙创作也能够更好地锻炼孩子的逻辑思维能力。

最后，为大家提供两个小练习，来试试亲子一同续画绘本故事吧。

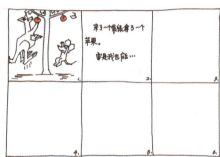

亲子演剧漫画 （07）

亲子演剧漫画结合了角色扮演和接龙创作的有趣元素。通过角色扮演，孩子可以将自己融入原创故事中，成为其中的角色，从而更深入地理解一个场景中角色的内心感受。同时，通过接龙创作的方式，孩子和父母可以不断地扩展和发展故事情节，发挥他们的想象力和创造力，创作出独特的故事和结局。这样的亲子演剧漫画可以帮助家庭成员更加紧密地联系在一起，增强彼此间的理解和沟通，同时也可以帮助孩子更好地发挥他们的语言表达能力和创造力。

如果父母不知道如何引导孩子，可以参照以下建议。

· 与孩子共同发掘故事素材：

从孩子感兴趣的事物入手，如孩子喜欢的动物、游戏等，激发孩子的想象力和创造力。

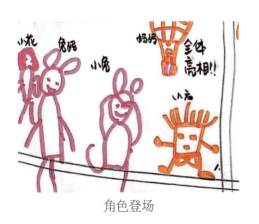

角色登场

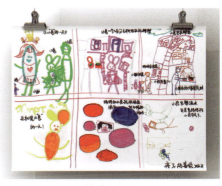

故事展开

·提出启发性问题：

这一点很关键。父母可以通过提问来帮助孩子思考故事的关键情节（如主角遇到了什么样的困难）、关键角色（如谁提供了解决问题的重要建议）、场景等，让孩子在亲子互动中得到指导和启发。

·鼓励孩子表达自己的想法：

孩子的想法和创意可能与父母不同，但父母需要尊重孩子的创意并给予支持和鼓励，让孩子获得成功的体验和自信心。

·提供合适的工具和材料：

父母可以为孩子提供适合他们年龄和技能水平的绘画工具和材料，以便孩子将自己的想法更好地展现出来。

·赞扬和认可孩子的努力和成果：

无论孩子的绘画成果是否完美，父母都应该赞扬和认可孩子的努力和成果，让孩子感到被关注和支持，从而增强自信心。

在编写故事的过程中，孩子可能会遇到一些挑战和困难，如思路不清晰、情节不连贯等，这时就需要父母进行引导和帮助。父母可以与孩子一起探讨和解决这些问题，帮助孩子建立自信心，获得解决问题的能力。

此外，在故事情节中加入一些挑战和难关，也可以让孩子在虚拟的故事情境中尝试解决问题。通过故事中的情节和角色塑造，父母还可以了解孩子的价值观、人生观及处事方式等，进而更好地了解孩子的内心世界和成长需求。

亲子创意漫画 （08）

亲子共同玩一个游戏，你画一格，我画一格，然后把两个格中的事物进行组合，会发生什么事呢？

创意的形成往往来自意想不到的灵感和组合。这种亲子创作方式可以促进孩子和父母之间的沟通和互动，同时激发孩子和父母的创作灵感和想象力。在这个过程中，孩子和父母会互相启发，互相学习，发现新的创作思路和方式，进一步提升双方的美学思维能力和艺术素养。同时，参考绘本和艺术启蒙知识图书可以让孩子和父母更好地了解和探索艺术领域，从而更好地理解和欣赏艺术作品。总体来说，这种亲子创作方式不仅可以增进亲子关系，还可以在艺术领域为孩子的个性发展提供更广阔的空间和更多的可能性。

左侧两图由孩子和父母分别完成，随后进行组合联想，每个人把自己的想法分别画在格子三与格子四中

五
6 ~ 12 岁篇：
亲子漫画日记

3. 图形游戏助力
亲子漫画

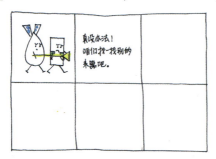

与孩子一起绘画时，如果你感到无从下手，不妨看看孩子的画作，孩子通常能够本能地简化所见物体，为你提供很好的绘画参考。同时，你的创意和技巧也可能会激发孩子的灵感，孩子通过增减元素可以画出体现自己创意的内容。

如果孩子因为各种原因不敢画，也不必担心，可以尝试用图形代替想要绘制的物体，勇敢地使用点和线条表现，这是最基本的绘画造型方式。绘画中的造型看起来没有规律可循，但实际上分为两种图形：一种是几何图形；另一种是自然图形。自然图形是变化更丰富的几何图形。造型归根到底是在用简单的几何图形进行组合，因此，从一个圆形或方形开始就是绘画的捷径。

最后，对亲子漫画进行整理归档也是很重要的，不要忘记及时给作品标注创作时间。

六
亲子互动
艺术鉴赏法

喜欢艺术作品却不知怎么鉴赏？想要通过看绘画作品提升审美能力和洞察力却不知该怎么做？孩子满心欢喜地和你分享他的绘画，你却不知道给出什么反馈才能保持孩子的绘画热情？本章会由浅入深地一一讲解绘画鉴赏的技巧。

美术作品是视觉艺术，每个人用眼睛确认画面的过程就是鉴赏的过程。那么，鉴赏要看什么？有没有什么方法呢？这里给大家介绍两个方法：一是艺术鉴赏三步法，充分利用展示现场的有效信息来鉴赏；二是亲子互动艺术鉴赏法，通过父母启发式的提问让孩子从画面上自主挖掘出更多信息，锻炼孩子的观察力、思考力及表达力。我们也可以用同样的方法去欣赏孩子的绘画作品，不带有任何评判心理，进而通过绘画了解、见证孩子的成长。

另外，有方法的鉴赏会很有趣，而有背景知识的鉴赏会收获加倍。不得不承认，欣赏艺术是有门槛的，因为艺术表现方式都有一些基础知识。本章第二节将会为大家介绍一些绘画鉴赏的背景知识作为辅助信息，提升亲子鉴赏的质量。

六
亲子互动
艺术鉴赏法

1. 艺术鉴赏的方法

艺术鉴赏三步法 （01）

一般情况下，我们观赏一件绘画作品时，总是大致看一下就不知所措了，但是只看一眼就离开好像太草率，再往下看又不知道如何才能观察得更加深入。这时候，建议你用艺术鉴赏三步法——先以正在鉴赏的绘画作品为主进行观察想象，再集中鉴赏一个魅力点，最后以与其他作品的对比作为辅助。

① 观察想象。

面对一幅画时，我们可以问自己四个问题：画里是什么时候？这是在哪里？画里有谁？他们在做什么？

同样是一幅画，不同的人会有不同的理解和感受，给出这四个问题的答案是在鉴赏过程中产生自己对画面的描述和判断的第一步。通过对画面的观察和想象，我们就有了对画面的感性的整体认识。

② 集中鉴赏一个魅力点。

有了整体的观察和想象后，就要进行局部的鉴赏了。这个局部要如何选择呢？答案是你认为有魅力的部分，一般会有三个方面：绘画内容、绘画技法、结合作品的标签发现的疑问点。

绘画内容中让人瞩目的点因人而异，也与鉴赏绘画时的心境有关。比如，一位妈妈在美国芝加哥美术馆现场欣赏玛丽·卡萨特的油画作品《给孩子沐浴》（*The Child's Bath*）时，尤为关注的是孩子白白胖胖的身体，这让她想到了远在祖国、年仅 1 岁的孩子。其实，这幅画对人物表情的描绘也十分传神，但看的人不同，关注的局部就不同。

关于绘画技法，一般包括色彩表现、造型表现及空间表现。在色彩表现上，不同时代的画家差异很大，这与画家的绘画条件有很大的关系。比如，莫奈热衷于户外创作，他更注重表现阳光照射下景物丰富的色彩变化。在造型表现上，有的画家擅长描绘有立体感的画面，有的画家则喜好描边调色的平面造型方法。

仔细观察，你就会发现画家选用特定的技法表现不同氛围的良苦用心。在空间表现上，很多西方绘画遵循的是近大远小的一点透视画法，能让人感受到纵深的空间感。也有一些作品打破了近大远小的束缚，有更加自由的表现。这些都是画家作画时独具巧思的表现。

至于结合作品的标签发现疑问点，指的是通过对比不同画家的创作背景，引发孩子的感受和思考，进而针对这一点展开鉴赏和分享。

③ 对比。

欣赏绘画作品的对比可以分两个维度：第一，同一个画家作品的比较；第二，不同画家同一主题的比较。

大家都知道凡·高的《向日葵》很有名，但你知道他一生画了7幅"向日葵"作品吗？而在不同时期，凡·高的"向日葵"作品有不同的表现方式。比较同一位画家不同时期的作品，会不会让你对画家的创作产生更多的思考和发现呢？

同样是画人物，中国的《簪花仕女图》和西方的《蒙娜丽莎》在表现方式上大相径庭，这背后有什么样的人文和历史故事呢？不同的绘画方法会产生全然不同的趣味，而强烈的反差更容易在孩子的心里埋下一颗主动探索的种子。

亲子互动艺术鉴赏法 （02）

① 互动鉴赏的好处。

亲子之间的艺术启蒙想起来惬意美好，做起来却阻力重重，即便是懂艺术的父母，想要启发孩子的艺术智慧也不容易。比如最常见的问题：我们应该如何看待孩子看起来很抽象的画，他那么期待你说点什么——我们该怎么给孩子反馈？

我们以为要评价，其实孩子只是想要回应。另外，还有没有更好的方法，利用孩子的主动爱画，帮助他们提升美学思维能力呢？

答案当然是肯定的。请务必试试能够平等对话的"亲子互动艺术鉴赏法"——以孩子的感受为主，家长的反馈是为了更好地引出孩子想要表达的东西。在这个过程中，有爱，有接纳，更有思维的发散。

艺术是一种表达情感、思想和价值观的方式，通过艺术欣赏，孩子可以获得更加全面的视野和思考方式，以及更加开放和包容的心态。而亲子互动艺术鉴赏是父母和孩子一起欣赏和学习艺术的过程，通过相互交流和对话，孩子可以更好地了解自己和周围的世界，提升审美意识和艺术素养，提高对艺术的理解和欣赏能力，并在欣赏艺术的过程中提升他们的思考能力、判断力和想象力。同时，这也是一个改善亲子关系的过程，通过对话和互动，家长可以更好地了解孩子的想法和感受，与孩子建立更加密切的关系。

在生活和学习中，想要有创新，对生活周遭事物的观察能力、由此激发感受的能力、发想的能力以及创造的动力一样都不能少。耶鲁大学医学院的一位皮肤科教授曾展开一个通过鉴赏艺术作品提升医学院学生观察能力的实验。结果，仅仅进行了 2 个小时观察和分析艺术作品训练的学生，其病情诊断能力，尤其是对细节的觉察能力，明显强于没有参加这项训练的学生。因此，在耶鲁大学医学院，绘画观察训练从此成了必修科目。此后，包括哈佛大学、芝加哥艺术学院、哥伦比亚大学、斯坦福大学等知名学府在内的 100 多所大学引入了这项训练。同时，企业培训、商业学校也开始展开这项训练。

认知心理学家阿比盖尔·豪森（Abigail Housen）和纽约现代艺术博物馆（MoMA）的教育部总监菲利普·耶纳威恩（Philip Yenawine）在 1980 年组织开发了对话型艺术鉴赏法，这是一种在不了解作品背景的情况下进行鉴赏的方式，极大地提升了鉴赏的自由度，更容易使鉴赏者产生不同的看法。

在对话型艺术鉴赏过程中，观者会自发地观察、发现，并将想法转化成语言，同时更深入地了解艺术的表现方式，从而激发其观察能力、沟通能力、逻辑思考能力、全局思考能力、创造力、语言表现力、自信力和审美力。

对话型艺术鉴赏法对观察力、思考能力、语言能力、交流能力的提升效果已经被美国教育界的诸多实例证明了。从美术馆开始，这种鉴赏法在美国的 300 个公立学校展开，并被认为是能够提升人的成长所需的各项能力的基础，被引入全世界的教育和国际企业的人才培训当中。

②互动鉴赏的要素。

为什么建议互动鉴赏的对象是艺术作品呢？有三个原因：

· 在人类接收信息的五感（视觉、听觉、嗅觉、触觉、味觉）中，视觉占83%。所以，选择一个相对陌生的视觉观察对象，可以更好地锻炼大脑处理信息的能力。

· 绘画（艺术）作品的风格有倾向性、主题性，相比于新闻或自然照片更容易进行有相对明确方向的观察训练。

· 尺幅一定、有深入的细节描绘，又有整体画面展现的绘画（艺术）作品，更方便锻炼人们对从总体到细节，以及细节和整体关系的思考和观察能力。

推荐大家选择不熟悉的、有多种角色故事的绘画作品（更适合低龄的孩子）。

要素一，三个主轴提问。

· **这幅画里正在发生什么？**

如果我们问"你对这幅画有什么感觉""这是一幅什么样的画"，孩子的回答很可能是"这幅画好奇怪啊""你看这个人物多丑""这不就是一幅风景油画吗"。这样的问题太过笼统，很难引发孩子的深入思考，所以答案要么简单，要么很主观。但如果我们问"这幅画里正在发生什么"，孩子会注意到时间、地点，画面中物体的状态，人物在做什么，甚至想他们可能在说什么，为什么会这样，等等。这一个问题，就会让孩子开启观察和思考的大门。

· 哪里让你有这样的想法？

当我们问"这幅画里正在发生什么"，孩子会根据画面想象一些场景和故事，这时候我们可以追加提问，"画面的什么地方让你有这样的想法呢"，并引导孩子用手在画面中指出相应的位置。这样一来一往的问答，有观察，有思考，还有解释说明，可以锻炼孩子的逻辑思维能力。避免提"为什么"这样的问题，因为直接问为什么带有强烈的质疑感，容易让孩子有抵触甚至逆反心理，从而影响对话的气氛。

· 你还有别的发现吗？

前面两个问题可以使亲子间产生很多的想法碰撞。之后，父母可以继续追加提问，引导孩子说出更多的看法，激发他们对同一处画面进行多种解释，并提高对全局的观察能力。这时候要注意，不要用"你还有别的发现吗"这样的提问，因为这个问题也有价值指向，容易让孩子误解，影响发言的积极性。

要素二，回应的四个技巧。

· 用身体语言——指出孩子讲述的位置，予以确认。

· 适度重复孩子的关键词——表明"我听到了你的讲述"，予以回应。

· 对孩子的表述做语义置换——表明"我理解了你的讲述"，予以认可。

· 分享自己的看法和孩子的看法之间的联系——这样的表达会客观地反映出，对于同一个画面，不同的人也许会有相似或不同的理解。

最后，在对话中产生的种种问题，亲子双方可以共同去资料中找寻答案。下一节将为大家详细介绍如何能更好地了解一个作品背后的故事。

六
亲子互动
艺术鉴赏法

2. 不可不知的艺术
鉴赏常识

不可不知的艺术史常识 （01）

① **从功能看美术：传统艺术和现代艺术。**

绘画是按照自己喜欢的方式表现，功能大抵是给人带来精神享受，这是大多数现代人对绘画喜闻乐见的理由。但是在很早以前，绘画的作用可不止这些。在相机出现之前，绘画还承担着如今新闻现场照片和人物照的功能。当时，如果哪里发生了火灾或者重大的社会事件，用来把这个消息通知给大家的就是绘画。可以说，在相机出现之前，绘画发挥着传递视觉信息的功能。

197

因此，在很久以前，一幅画并不是由一个人完成的，而是由很多人共同完成的。比如，在一幅画的草稿中，天空、花和天使都是由不同的人画的，有的是画家，有的是画家的学徒。

其中，肖像画是纪念功能最突出的画作类型。很久以前，人们只要出钱就可以向画家订制自己的肖像画，很多人都想要自画像，但请不起画家单独给他们画，于是就出现了"拼单"的情况。他们会请画家画一幅群像画，把出钱的每一个人都画出来。但群像画有主角和配角，怎么分配角色呢？其实就是按照出钱的多少来确定人物的大小和位置。知道了这些信息，我们去看一些年代久远的画作时，就会知道画背后的故事了。

② 从材料看美术：平面艺术和立体艺术。

我们去美术馆和博物馆，不光能欣赏平面的绘画作品，如我们熟悉的国画、油画，还会看到一些立体的艺术作品，如木雕、石雕等雕塑作品。我们可以从三个方面领略雕塑之美。

第一，作品的平衡感。

无论用什么材料制作的雕塑作品，它都会固定在一个台座上，为了保证常年不变形，它自身要能够保持一定的平衡。因此，雕塑艺术家在设计之初，就要在作品的平衡性上有所考量。大家可以想象一下，用黏土做一个立体作品，把它放在一处，想要让它不变形，保持固定形态，甚至保持直立，是不是很困难？所以，雕塑艺术家在材料的选择以及平衡感的把握上下了很多功夫。

第二，制作过程中的专注度。

一个雕塑，尤其是木雕或石雕，艺术家在雕刻的时候，多砸 1 毫米都可能造成无法挽回的后果。有时力气太大了，甚至会把整块材料震裂，不光这一块材料浪费了，之前的精雕细琢也将付之东流。所以，在制作木雕或石雕作品的时候，必须要全神贯注。当然，近现代的一些雕塑作品也有金属材质的，属于铸造工艺，不存在这个问题。

第三，材料的特色。

雕塑作品经常会用到天然的石材或者木材，一个高 5 米的大理石雕塑作品，可能要花上 3 年才能完成。根据不同的材料，就可以想象艺术作品的完成难度了。

③ 从地域看美术：西方艺术和东方艺术。

从不同地域的美术展览中可以发现，西方和东方早前的绘画看起来有很大的差异。这些差异使得西方艺术和东方艺术都有其独特的魅力和艺术特色，因此我们在欣赏和理解不同的艺术作品时需要有不同的视角和思考方式。如果能够了解这些差异，看展览时会更加有趣。

· 西方艺术的特色。

特色之一：人物是画面中的主角。在西方绘画作品中，人物往往是画面的重点和焦点，他们通常被放置在画面的中心或最显眼的位置，是作品表现的主角。

特色之二：风景和人物相分离。在传统的西方绘画中，自然风景和人物往往是分离的，自然风景是人物的背景或陪衬，强调人物的主题性和表现力。

特色之三：风景作为描绘对象。在西方绘画作品中，风景也可以作为独立的描绘对象出现在画面中。在风景画中，自然景观通常是画面的主题和中心，人物往往只是点缀或衬托。

特色之四：客观写实。西方艺术强调客观写实的表现方式，力求准确地表现被描绘对象的外貌和特征。这种表现方式注重透视的准确性和细节的描绘，力求呈现真实、立体和精确的效果。

特色之五：宗教主题。在西方艺术中，宗教主题一直占据着重要的地位。

历史上，许多西方艺术作品都是出于宗教目的而创作的，比如描绘圣经故事或教堂内的壁画、装饰等。即使在现代西方艺术中，宗教主题也仍然是一个被广泛关注的话题。

特色之六：画面讲求客观的透视。西方艺术中的透视是一个重要的概念，强调画面中的物体和空间之间的比例和关系，力求让画面看起来立体、真实和准确。透视也被用来强调画面中的主题和情感，使画面更加生动、感性。

· **东方艺术的特色**。

特色之一：自然和人是一体、统一的。在东方艺术中，自然和人的关系不是分离的，而是一体、统一的。自然被看作人类生活和文化的基础，人类与自然是互相依存、互相影响的关系。

特色之二：自然作为画面的主要描绘对象。在东方绘画作品中，自然往往被视为画面的主要描绘对象，如山水、花鸟、人物等。东方艺术强调表现自然的神韵和生命力，注重捕捉自然的气息和情感。

特色之三：山水作为描绘对象。在东方艺术中，山水画是一种非常重要的绘画形式，强调对自然景观的描绘和表现，注重表现山水的神韵和情感。

特色之四：主观表现突出。东方艺术注重个体的表现和主观的情感体验，文人画就是其中的代表之一。文人画强调文人的自我表达和主观情感的体现，画面通常充满诗意和情趣。

特色之五：画面运用主观的三点透视。在东方艺术中，透视并不像西方艺术那样强调客观的准确性和精细的细节表现，而是注重画面的整体效果和氛围的营造。东方艺术中常用的透视方式是主观的三点透视，通过虚实、淡重、远近的变化来表现画面的空间关系。

由此可见，西方艺术和东方艺术的最大区别在于如何看待人和自然的关系。

展览现场鉴赏常识 （02）

观看展览之前，如果了解一些展览的基本知识，可以更合理地计划看展的时间和节奏，以及对展览做出适当的预期；如果知道一些布展角度上隐藏的规则，就不会错过展览中的看点和细节。对于艺术家个展，如果能清晰、简洁地厘清艺术家的独特之处，以及理解成长经历对其艺术创作的重要影响，观展时会更有收获。

① 展览分类。

展览可以分为三种类型：大型艺术展览（双年展、艺术博览会）、美术馆展览和小型画廊展览。

· 大型艺术展览（双年展、艺术博览会）

大型艺术展览一般在大型会展中心或者城市的某个特殊地点举办，可以分为学术类展览和商业类展览两种。

学术类展览近些年以城市为据点，包括双年展、三年展等，是国际上重要的艺术展览形式，也被称为城市艺术节，是城市的艺术名片。这类展览会聚世界各地的艺术家，为其量身定制作品，可以说是艺术盛会。比较知名的有威尼斯双年展、上海双年展、成都双年展等。

另一种是画廊的商业类展览，它也被称为艺术品的第三级市场，以艺术作品的售卖为目的。在这样的博览会上可以看到重要艺术家的作品，还有新晋艺术家的艺术创作。作品能够被画廊代理，就说明这个艺术家在一定程度上已经受到了市场的认可。在这样的博览会上欣赏艺术可以说是一种另类的淘宝体验，也许你今年看到一位喜欢的艺术家，他现在还默默无闻，但很可能不久后就会成为一个领域重要的艺术家。这样的艺术博览会正在逐年增多，老牌的有巴塞尔国际艺术博览会，北京和上海如今也有很多当地的艺术博览会。

· 美术馆展览

美术馆展览就是较为常见的在美术馆或博物馆举行的展览。大型艺术展览和美术馆展览的区别之一是规模的差异。前者通常是以艺术节的形式，在一段时间内联合城市多个场馆和设施举办，规模较大。而美术馆展览通常会有一个主题，比如，与中国传统艺术有关的展览，或者

一些西方艺术流派的主题展览。相比之下，艺术家的个人展览更加常见，艺术家个展的观展方式会在下一节详细介绍。美术馆展览更加具有学术性，艺术家的作品能够在美术馆展出，可以说其价值已经得到认可。而若能进入重要的美术馆展出，这样的艺术作品便可以印证那个词——殿堂级的艺术。所以，想要提升自己和孩子的审美，首选的游览地就是美术馆。

· 小型画廊展览

美术馆是学术类展览的代表，而画廊则是艺术市场的重要部分。画廊会为自己代理的艺术家策划展览，也会长期展出代理艺术家的作品。一般情况下，画廊展览的规模不会像美术馆那么大。画廊展览的特点是它有开幕式，届时艺术家或策展人会在现场，是难得一遇的与艺术家近距离接触、交流的机会。

和孩子一起看展，选择适合孩子的展览和场所很重要。

· 对于年龄较小的孩子，可以选择美术馆的主题展览，尤其是与儿童相关的展览。这些展览通常会有针对儿童的解说和互动环节，更能引发孩子的兴趣。

· 对于有一定艺术基础和兴趣的孩子，可以选择美术馆的个人展览或者画廊展览。这些展览更加具有深度和艺术性，能够提高孩子的艺术修养和审美水平。

· 对于年龄较大的孩子，可以选择大型艺术展览，如双年展或艺术博览会。这些展览通常规模较大，能够展示不同类型和风格的艺术作品，让孩子更加全面地了解艺术。

不管哪种类型的展览，都要注意孩子的兴趣和能力，尽量选择适合孩子的内容和难度。同时，可以在家中先做一下预热，了解展览内容，增加孩子的兴趣，提高其理解能力。

② 如何看懂艺术家个展。

展览有群展与个展：群展是根据一次事件（比赛）或者一个主题，展出很多艺术家的作品；个展是一位艺术家的个人作品展览，能更加深入地展现这位艺术家的创作脉络和作品风格。

艺术家的个展可以分为新作展、回顾展和主题展。新作展就是艺术家近期新作的呈现。回顾展大多以时间为脉络，呈现艺术家艺术生涯中的重要作品，展现其艺术造诣、对艺术的贡献，以及个人的成长路径。

通过回顾展可以比较全面地了解一个艺术家的整体创作。一个艺术家在不同时期有不同的探索主题，因此，艺术家个人的主题展也是比较常见的。

艺术家的年龄、毕业院校（师承何人）、创作语言及特色是重要的信息，可以通过展览宣传册、展览主办机构的推广文章及展览的前言了解到。

③ 展览的看点和细节。

· 主题（展览宣传页、展览导言）

展览的策展和布展有一些惯例设置。例如，展览开始之前会有主办机构公众号的宣传文案、展览相对应的宣传册、展厅入口的展览导言。宣传文案和宣传册上会有很多信息，包括展出的作品、这些作品的板块，以及按照什么顺序分成怎样的单元排布，还会有一些重点作品的图片。

展览导言一般是策展人对展览的介绍，主要与主题及其意义有关，会重点介绍展览中的作品在学术上做了哪些探索和贡献。展览导言最后的部分会有致谢，介绍这次展览作品的收集过程，例如，是从哪个美术馆借展的，在借展的过程中遇到了哪些困难，得到了哪些协助等。如果你对这个过程比较感兴趣的话，一定不要错过，它会让我们更清楚策展和布展背后的故事。

·作品（第一幅和特殊展示空间的作品）

看作品的时候，我们要注意两个点：一是在每一个单元里，我们都要重视这个单元呈现的第一幅作品；二是看布展空间的利用，比如，一个作品本身并没有很大，却用了一整面墙去展示，那么这幅作品的重要性就不言而喻了。对于这类作品，我们要仔细地观赏。前面介绍了很多种鉴赏方式，希望大家尽量把这些鉴赏方式用在这类作品上。因为一个展览少则四五十幅作品，多则二三百幅作品，如果每一幅作品我们都用这些鉴赏方式仔细看的话，一方面很累，另一方面时间也不够用。一般看一个展览，两三个小时就比较久了，所以我们要合理利用时间，把重点放在一些比较重要的作品上。

父母艺术锦囊

在带孩子去看展之前，我们需要提前做一些功课，以便让此行更有收获。看展前的功课可以用亲子游戏的形式展开，亲子共同参与。

游戏一：艺术家的眼睛。

在艺术家的人物作品中，眼睛通常是最突出的部分之一。参观群展时，可以和孩子一起找到作品中的眼睛，比较不同艺术家对眼睛的形状和颜色的表达方式，让孩子了解艺术家的个人风格。依此类推，还可以进行"艺术家的线条""艺术家的色彩"等主题的探索。

游戏二：作品拼图。

将一位艺术家的作品印成小图，然后剪成 4 个部分或更多，让孩子根据艺术家的风格将作品拼出来。这种方式可以帮助孩子更好地理解艺术家的创作风格和构图方式。

六
亲子互动
艺术鉴赏法

3. 美术馆和博物馆 展览现场鉴赏礼仪

（1）不能大声讲话

在美术馆中，人们来参观展览是为了欣赏和体验艺术作品，需要安静和专注的氛围，大声讲话会影响其他观展者的参观体验，甚至会干扰其他人的欣赏。如果对于作品有什么想要说的，可以小声和身边的家人、朋友交流。

（2）不能携带食物

食物或饮料如果附着到了艺术品上，可能会对其造成永久性损坏。比如，食物残渣可能渗入绘画材料的微小裂缝中，导致色彩变化，或出现斑点、褪色等问题。饮料中的酸性成分可能腐蚀绘画材料，破坏作品的质地和颜色。此外，食物残渣和饮料也可能吸引害虫，导致作品表面出现虫蛀痕迹。因此，在美术馆中不允许饮食是为了保护艺术品的完整性和保存价值。

（3）不能触碰作品

我们的手上有油脂，如果触碰作品会影响作品的长期保存，而且不经意间或者不小心用力过猛还会破坏作品。由于观众的失误造成展品无法挽回的伤害事件在美术馆和博物馆时有发生，我们一定要加以注意。在与身边的人鉴赏交流时，经常会用手隔空指向作品，这时候也请大家一定不要触碰到作品。

（4）不要随意拍照

现在很多展览一般会有指定的拍照场所，而主要的内场是不允许携带有闪光灯的相机进入的，因为闪光灯或者快门声会干扰其他观众的观赏体验。此外，闪光灯会对画作表面造成长期的损害，导致褪色，这对作品的保存和价值都会产生负面影响。

总而言之，这些礼仪的目的是保护艺术品的完整性，为观展者提供一个专注和安静的观展环境，让大家尽情欣赏和体验艺术作品。希望小朋友们从小养成良好的观展习惯。

七 亲子美感 启蒙实践

1. 儿童感受力教育的 重要性

感受力分为两种：一种是内在的安全感和自信力，也就是稳定的内核；另一种是敏锐的五感，即发达的感官能力。前者是后者的基础，却常常得不到重视。也就是说，内在的"处理器"好，感官接收能力才能发挥更好的作用。

那么如何才能培养孩子稳定的内核呢？这就是我们提出亲子艺术启蒙的初衷——提升孩子内心的力量，而其源头就在家庭，所以前文强调了高质量亲子陪伴的重要性，如采用积极的倾听法，这样的交流方式能让孩子从内而外地产生和世界连接的能力，他们的想法得到了保护、肯定和重视之后，外界再给孩子五感上的浇灌才是有效的。

因此，本章总结的亲子审美提升五步法包括两个部分，首先是亲了陪伴，其次才是审美提升的实践活动。只有两个部分共同运作，才能发挥更好的作用。

七
亲子美感
启蒙实践

2. 亲子审美提升五步法

体验美——去接触，去感受。

解读美——解读感动自己的是什么。

表达美——把感受和理解诉诸语言、文字、图像。

创造美——亲子拆解与组合创意漫画。

收纳美——绘画成长记录册的整理收纳。

前面的内容可以说是为亲子艺术启蒙奠定了一个方法论的基础，让小朋友开始自信地画画，父母也开始能够通过绘画跟孩子进行深入交流。为了让亲子双方能一同达到提升审美的目的，我们把提升审美归为五步。

（1）体验美

体验美主要包括两个方向：自然美与人文美。

自然美包括各类自然美景，人文美则主要以艺术形式为载体，如声音、形体、舞台等。此外，工艺美术、书法艺术、建筑艺术及生活美学等诸多方面，都是比较好的审美材料。

在体验美时，我们需要意识到"我们的审美对象是有丰富的生命力的"，这是一种倾向于直观体验的过程。我们不用知道太多背景资料，这样才会调动我们的观察能力、思考能力和自我认知能力。

这时可以参考亲子漫画中的记录型漫画，如亲子自然漫画，展开体验记录。

（2）解读美

解读美是一种更理性的追问。解读用到的方法主要是前文提到的绘画艺术作品的鉴赏方法，解读的方向一般有以下 6 个。

·画面色彩的含义：画面的主色是什么，对比色是什么？这样的设计是为了说明什么？

·作品中最醒目的部分在哪里？那里发生了什么？

鉴赏时的心情漫画

·作品的明暗变化是什么样的？这样的设计是为了说明什么？

·画面的冲突较为集中或信息量较大及较少的地方在哪里？分别说明了什么？

·画面中前景、中景及背景设置的理由是什么？

·其他重要的解读线索：人物、背景、道具、表情、环境、时间、季节等。

通过互动鉴赏的沉淀，每个人对画面都会形成个人的理解，可以将其作为亲子鉴赏漫画的切入点。

（3）表达美

经过前两步，亲子对美的体验和解读还停留在感受和理解的层面，如果可以将这些感受和理解转化为自己的表达才是更好的沉淀。鉴赏作品最大的问题是，大家总是担心自己看不懂，不知道画面的看点在哪里。人们总说，生活中从不缺少美，只是缺少一双发现美的眼睛。鉴赏也不例外，看画有很多种方法，接下来为大家介绍一个促进艺术文字和绘画表达的游戏——一张纸艺术表达法，适合刚开始鉴赏时使用。

①家长独立完成。

家长用一张纸记录下自己看到一幅画时最先注意到的内容，用名词写下来，之后再把这个事物的状态用形容词写出来。仔细感受一下这个事物的状态带给你的感受。

把这张纸翻到另一面，画出这个画面中自己最喜欢的一个细节，可以

215

是画面中的一抹色彩、一块地毯、一个物品，或者人物的眼睛等。这个过程是一个临摹的过程，可以说临摹大师的作品是和大师交流最简单的一种方式。画出自己最喜欢的一个细节之后，不看原画，只看手上的这张纸，闭上眼睛展开联想，看看这个部分会让自己联想到什么，然后迅速记录下来。

②带着孩子（3岁以上）一起完成。

· 取景部分——局部鉴赏 + 共鸣

鉴赏一幅作品的时候，先欣赏一段时间，随后把一张纸当成一个漫画宫格，沿着纸面的轮廓内侧画一个内框。根据绘画心理学，在内框内作画可以增加孩子的安全感。用单只眼睛透过手势相机在绘画作品上聚焦一个细节，这个细节可以大到一个人，小到头发丝线的排列画法。

· 绘画游戏部分——转化 + 联想

把选中的画面部分"誊抄"到一张纸上，誊抄在美术中叫作"临摹"。需要注意的是，临摹对不同年龄的孩子意义是不一样的。对于9岁以下的孩子，可以让他们把喜欢的部分用自己的画法临摹出来（因为在9岁之前，儿童的观察能力有限），然后在此基础上联想、发散，添加内容，形成自己的画面，讲给其他家庭成员听，并把文字记录在宫格内的空白位置。

漫画中的文字旁白对儿童语言表达能力的提高有很大的助益。在对话的互动中可以更好地帮助孩子组织语言。如果这个步骤对孩子来说有难度，我们可以分成两个步骤进行：

第一步，用名词开启表达；第二步，用形容词丰富描述。

表达想法是一个逐步发现的过程，我们不能要求孩子看一眼就能很快地把图像转化成语言，这是不现实的。我们可以先问孩子"画中有什么"，此时的回答一般都是名词。之后我们可以接着问"这个东西是什么样的，你能形容一下吗"，这时的回答一般就是形容词等描述性的语言了。接下来，我们还可以关注孩子画面上使用的色彩："为什么这个怪兽是粉色的？这和你说的它的特点有关系吗？"通过宫格漫画的创作和亲子的互动对话，孩子能更好地表达出他通过鉴赏启发出来的内容。

糊糊，6岁，鉴赏雷内·玛格丽特绘画时做的亲子互动发想——有人把葡萄扔到了一位女士的脸上，那位女士嚷着要报警

（4）创造美

绘画很难吗？如果你看过劳拉·卡琳的绘本《创造自己的世界》一定会惊讶地发现，原来绘画就是在纸上留下痕迹。绘画的痕迹有很多种，但都逃不过三大类，就是点、线、面。在《创造自己的世界》的环衬上，虽然只有一个柠檬色的圆，但只要加上不同的点、线、面元素，就变得不同了。有的是地球仪，有的是人脸。那么，点和面有关系吗？实际上点动成线，线动成面，点、线、面也是"一家人"。绘画就是这样，说简单也简单，说千变万化也不为过。但简单来说，我们可以从点、线、面开始画起。

破除了子女和父母的绘画障碍，我们就可以开始更多创意实践了，具体做法请参考第四、五章中的亲子创意互动游戏和漫画。

（5）收纳美

收纳美主要是指在亲子绘画启蒙过程中对留存绘画作品的收纳过程。在收纳作品的同时，整理亲子共同经历的感官体验以及共创内容，记录下亲子美感体验的轨迹。

孩子的作品记录着很多美好的成长回忆，大多数父母都想留下更多的作品作为留念。因此，有的家庭到处堆满孩子的作品，导致无法分清是什么时候的作品，甚至在不知不觉中丢失了很多有特别意义的作品。合理的作品管理不仅能防止家里变得杂乱，还能做出精致、美好的成长记录册。

管理作品关键词——展示、收纳、处理。

① 作品展示三步曲。

第一步，在居住空间的某处划出一部分区域作为孩子作品的展示区。

第二步，与孩子一起挑选想要展示的作品。挑选作品时需要把数量控制在展示区能够容纳的范围内，如果数量太多，墙壁到处贴满孩子的画，有时会影响整个房间的美感。

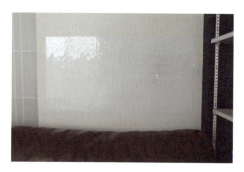

展示墙壁

置物架

与孩子一起挑选想要展示的作品

第三步，规定作品展示期限，可以分为长期展示和短期展示。

长期展示：

孩子非常喜欢的作品、记录孩子重要回忆的作品、表现孩子绘画阶段性进展的作品，都可以帮孩子收藏起来，作为长期展示。把作品放入相框后陈列，如同美术展览一般，让家人和客人都能看到孩子丰富的想象力和创造力。

长期展示

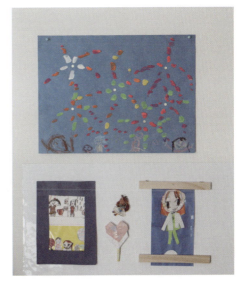

展示新作品

短期展示：

能够长期展示的作品数量相对有限，那么其他想要展示的作品就可以选择短期展示。比如，每件作品展示一个星期后更换新的作品，或者当新的作品出现时把旧的作品替换掉，旧的作品则拍照留念后扔掉或者收纳在作品收纳箱里。

展示过的旧作品　　　　　　　展示过的旧作品
（决定留下）　　　　　　　　（决定处理掉）

收纳在收纳箱里

拍照留念后处理掉

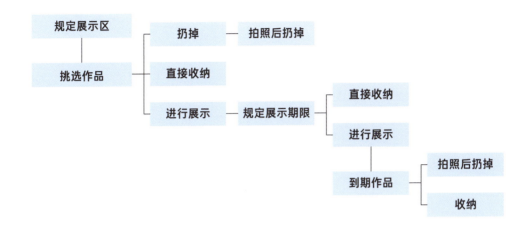

② 作品收纳三步曲。

第一步，与孩子一起挑选想要留下的作品。

每个家庭的收纳空间都是有限的，想要避免家里到处堆满孩子的作品，影响日常生活，就必须对孩子的每件作品进行取舍。每件作品都承载着孩子的内心世界，很多时候，不只是孩子，父母也往往无法马上做出决定要留下或处理哪些作品。

这时可以先选择最想留下的作品，当被选的作品数量达到收纳空间的极限时，再将剩余的作品拍照后处理掉。

与孩子一起决定想要留下或扔掉的作品

第二步，根据作品数量和目的选择收纳方法。

作品数量：如果每天的作品数量很多，可以先将每天的作品暂时保管在指定收纳盒内，当这个收纳盒装满的时候，再把作品拿出来，决定是换一种方式收纳，还是拍照后直接处理掉。

收纳目的：如果孩子日常喜欢翻看自己的作品，可以利用活页夹或插页式文件夹，将作品收纳在孩子方便翻看的地方。插页式文件夹中的塑料插页对绘画作品能起到一定的保护作用，适合翻看次数较多的作品。但在作品数量多、翻看次数少

利用插页式文件夹制作
供日常翻看的作品集

与孩子一起决定想要留下或扔掉的作品

的情况下，则更适合使用活页夹，因为打孔后直接收纳的量比起插页式文件夹会多一些。

第三步，根据收纳空间、作品形状选择收纳用品。

确认收纳空间后选择适合的收纳工具

利用活页夹增加收纳量

收纳空间：除了经常翻看的作品，大部分作品只会偶尔拿出来看看，可以选择家里不常用的地方作为这类作品的收纳区域，如儿童床底或儿童衣橱上方等，之后再根据这些空间的大小选择相应尺寸的收纳用品。

作品形状：手工作品等立体作品可以用纸箱或抽屉盒收纳，画纸等面积大的平面作品可以选择文件夹、宽而低的收纳箱等收纳。如果是比较小的作品，可以利用多规格收纳册等收纳。

根据作品形状选择收纳用品

③ 处理作品。

挑选完想要展示和收纳的作品后，剩下的就是需要处理的作品了。处理作品的方法有两种：二次使用和直接扔掉。

二次使用：比如，孩子自制的笔筒可以用来收纳画笔，小的手工作品可以作为挂件使用。

挂件

笔筒

直接扔掉：无法二次使用的作品就可以直接扔掉了，但有时候父母和孩子都不愿意扔掉辛辛苦苦做出来的作品，此时可以让孩子拿着自己的作品拍照后再扔掉，这样既能减轻父母的内疚感和孩子的负面情绪，还能留下美好回忆，日后翻看照片也能知道孩子在什么时期做出了什么作品。

作品收纳箱管理循环图

箱子装满时，重新审视作品

挑选作品收纳　　　　　　**作品收纳箱**　　　　　　新增加的作品

拍照留念后处理部分作品

这就是体验美、解读美、表达美、创造美及收纳美的完整历程，也是父母参与子女审美教育的五个切入点。通过这五个节点，亲子可以共同提升审美能力，更可以一起享受美育时光，升华亲子关系。

八
儿童艺术素养
培育路线图

1. 绘画启蒙的三个
重要节点

3岁、9岁、13岁是大脑发育的三个重要节点，孩子的心理、理性思考能力及身体的发育在这三个年龄阶段经历着质的变化，在家庭教育的过程中，父母作为主要陪伴者，对孩子的这个发展过程自然需要有充分的理解。而儿童绘画表现的变化也和大脑发育的这三个节点相符，如果能够理解孩子的绘画内容和绘画表现方式发生质的变化是源于什么，就可以指导孩子画出更丰富的画面。

（1）3岁

儿童的想象力和创造力处于高峰期，他们具有强烈的好奇心和探索欲，对色彩、形状、空间、质地等元素有很强的感知能力。同时，他们还没有受到社会文化的过多影响，可以自由地表达自己的想法和感受。因此，给予儿童足够的艺术教育和创作空间，可以促进他们综合发展，为以后全方位的发展奠定良好的美术基础。

（2）9岁

儿童的认知能力和审美意识不断发展，他们开始表现出对艺术的兴趣和热情，并且能够更深入地理解艺术作品的内涵与意义。此时，他们能够更加自如地运用各种艺术语言来表达自己的思想和感受。因此，给予儿童多样化的艺术体验和丰富的艺术教育，可以激发他们的创造力和想象力，帮助他们更好地认识自己与世界。

（3）13岁

此时通常被认为是青春期的开始，孩子的认知能力和思维方式都有显著的提高，能够在理解和欣赏艺术作品的同时，开始形成自己的审美倾向和艺术兴趣，对不同类型的艺术作品也有更加明确的偏好和认识。因此，通过提供多样化的艺术教育体验和学习机会，可以帮助孩子进一步发展他们的艺术能力和才华，培养他们的创造力和独立思考的能力，为未来的发展打下坚实的基础，做好充分的准备。

八
儿童艺术素养
培育路线图

2. 不同年龄阶段儿童 对形状和空间的认知

不同年龄阶段的儿童对形状和空间的认识有不同的发展特征，3~11岁的儿童在立体与空间的视觉表现方式上的变化如图所示。

3~11 岁儿童绘画空间立体认知成长过程图

年龄	3岁	4岁	5岁	6岁	7岁	8岁	9岁	10岁	11岁
年级				1年级	2年级	3年级	4年级	5年级	6年级
立方体									
杯子与水									
苹果与盘子									
桌子与人									
差异	用画表示事物所在的位置	用平面的符号表示事物	多视角或平视（用图形表示/罗列/描绘侧面）		表现事物的矛盾关系、立体关系（遮挡/前后）		表现事物的透视关系		
绘画发展阶段	涂鸦期		图式期			写实萌芽期		写实期	

＊此表参考东山明对儿童绘画发展的研究

231

八
儿童艺术素养
培育路线图

3.不同年龄阶段
儿童绘画能力培养

各个年龄阶段儿童的能力发展是一个复杂而多样化的过程，虽然有一些一般性的发展趋势，但不能一概而论。每个孩子都有自己独特的发展轨迹和时间表，有些孩子可能在某些领域表现出色，而在其他领域可能需要更多的时间和支持。因此，了解和尊重每个孩子的个体差异，提供适当的教育和支持，是确保他们全面发展的关键。

1岁半~2岁半   （01）

1岁半~2岁半这个阶段在儿童绘画发展中被称为错画期。儿童在1岁半左右会进入用摔打的方式画画的时期，发育早的孩子可能在1岁左右就开始了。这个时期刚开始，他们会用手握住油画棒、蜡笔或铅笔，在纸上戳点，然后渐渐地会摔打手臂，画出线条。这个时期，他们并

不是在有意识地绘画，而是通过手的运动获得控制身体的快乐。当孩子能够控制手的运动之后，会画出点状和左右往返的线条。而等他们能控制手臂的时候，手和肘的力量结合就可以画出上下往返的线条，还会画出波浪线、旋涡等组合图形。

2岁左右的孩子会在画线的过程中模仿车的声音，发出类似车辆行进中的"嘟嘟"声。这样边画图形、线条，边用嘴模仿绘画对象的声音是绘画创作的重大进展，这意味着孩子在享受绘画运动带来的愉悦之外，还能够想象与绘画对象产生游戏式的互动。在这个时期，他们喜欢用手戳破报纸、垒积木，对所有的事情表现出强烈的好奇心，不断进行各种探索活动。而且他们会对物品和工具的用途一再地进行确认，形成自己对生活秩序的认识。

这个阶段的绘画启蒙培养该怎么做？

在孩子 10~12 个月的时候，就可以给他们安排绘画活动了。当然，从 1 岁开始安排也是完全可以的。我们可以给孩子准备一些 B5 或 A4 纸，先让他们自由绘画，最好和几个伙伴一起。相互影响之下，孩子们会对绘画更感兴趣。刚开始画的时候，我们可以给他们一些积极的回应，激发其绘画兴趣。当孩子产生成就感后，顺势再给他一张新的纸去画，他们也不会拒绝。当然，这个时候与其说他们在画画，不如说在与笔和绘画工具玩耍，因此可以借助孩子对绘画工具的兴趣，增加一些绘画工具整理的收纳游戏，满足了孩

子的探索兴趣之后，他们会进入更好的绘画状态。

2 岁左右的孩子会一边自言自语，一边绘画，这个时候，家长可以用积极倾听的方式问孩子："你的画面里发生了什么？"当孩子觉得自己的绘画内容被重视、被理解时，就会更愿意去绘画了。同时，在纸的背面记录下孩子对画的描述内容和日期，可以形成孩子独一无二的绘画成长的记录册。

2 岁半~5 岁 （02）

2 岁半~5 岁这个阶段是象征期，儿童开始用点和线象征性地表达自己的想法，通过一段时间的摸索会出现固定的形象表现方式，同时，他们还会为形象赋予意义。在 2 岁左右，除了线和螺旋状，他们的画中开始出现圆形等形状。他们会用线和形状画出他们有印象的事物，以及记忆中的画面，为它们赋予意义，并且跟身旁的人分享的意愿会越来越强烈。

同时，在这个时期，儿童为自己所画的形象命名的情况也更加常见，所以一些文献资料中也把象征期叫作命名期。另外，由于这个时期的孩子会在一张纸上画出满满的事物，因此还有研究把这一时期称为罗列期。这个阶段，孩子的手部机能发展有限，常会出现孩子画不出理想画面的情况，可以适当用一些半成品图形纸张进行造型，辅助孩子作画，提升他们绘画的兴趣。同时，想要画出一个形象，需要孩子认知机能的发展和世界观的扩展，以及积极的表达欲。总体来说，手的灵巧性、认知能力的发展、形象总结能力的发展，以及自我表达的意愿，

是儿童绘画表现上十分重要的四个要素，我们要加以保护。

虽说 3 岁、9 岁、13 岁是大脑发展的重要节点，但 3 岁是最重要的，因为此时孩子会出现第一个逆反期，大脑前额叶皮质开始发育，自我意识及思考能力也会在这一时期有很大的发展。到了 3 岁之后，孩子在画车时，可能先画一个四边形，在

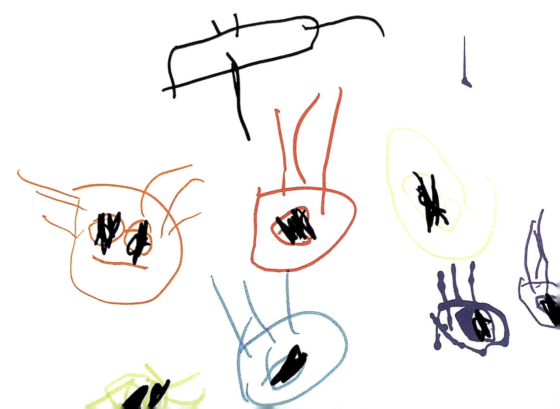

四个角上加上小圆圈，通常还会画一个代表自己的符号，然后他会模拟自己游戏的场景，在自己创造的形象中使用画笔自由地玩耍起来；他们画人物时，首先会画一个圆圈，代表人的存在，之后会在圆圈中加上眼睛、鼻子。虽然这个时候只画出了一张脸，但是对他们来说，这已经是整个人的象征了。在这之后，他们会给这样的脸部形象加上手，由此出现儿童画中很有代表性的"手足人"的绘画形象。

4~5岁是孩子象征期的后半段了，他们会把这些单独的绘画形象，如车、人、房子组合起来，罗列在纸面上。这个时候画面上不会出现大小关系和上下、远近的位置关系，孩子只是对自己有印象的事物进行简单的罗列，并不会对事物之间的联系进行特别的组织和强调。此时，他们在生活中的体验以及看过的童话故事，都会成为绘画的素材。

这个时期的儿童擅长通过绘画来玩"过家家"游戏，女孩的主角一般是公主或可爱的小动物，男孩的主角一般是火车、恐龙等。在"过家家"游戏中，孩子画面中的形象会逐渐丰富，除了自己和父母之外，还会出现店员等角色，孩子的语言能力也会变得越来越强大，对社会的接纳度和对社会组成的理解也会慢慢加深。孩子的绘画活动还会带动其语言能力的发展，并在孩子的社会教育过程中发挥重要的作用。这个时期，游戏会成为儿童生活的中心，成为其成长过程中的精神食粮。此时，孩子的手部进入快速发育时期，他们会积极地搭积木、拆解积木，还能够剪纸、粘东西，并进行简单的造型活动。

这个时期对孩子的绘画指导的重点

是，鼓励孩子用更多的绘画工具，如色粉、水彩、油画棒、蜡笔、彩笔等，再根据不同的绘画工具准备不同的纸张，如水彩笔最好用水彩纸，马克笔则用比较厚的白卡纸。画画的纸张可以适当大一些，而且可以准备多种颜色供孩子选择。

父母可以通过与日常生活体验相关的主题，如让他们感动的东西或者他们的新发现，鼓励孩子自由地绘画。这时候是开展亲子绘画的好机会，父母可以在孩子绘画之前，通过对话深入了解孩子的想法，让他们在对想要表达的内容有更深入的挖掘之后再绘画，这样他们会有更强的表达欲望。要注意一点，此时画面中的大小关系或一些物体的关系会有矛盾的表现，这是由孩子的认知能力决定的，是正常现象，我们不要用大人的视角和价值观去强行纠正和打压孩子的表现方式。有的孩子表达能力的发展有所迟滞，

这是很正常的情况，不影响后期的发展。每个孩子都会有自己的成长节奏，我们要珍惜和保护孩子自己的表现方式，尊重每一个孩子在不同时期的不同表现。

2~4 岁儿童在艺术方面的能力发展如下。

· 颜色识别和使用能力：

识别三种原色（红、黄、蓝）和三种间色（橙、绿、紫），并能将它们应用到绘画中。

· 构图能力：

意识到画面中的点、线、面，并能够使用它们简单地组织画面。

· 用笔和方向的掌控能力：

根据需要在不同位置使用不同的笔触和走向，以满足画面的需要。

· 图形识别能力：

识别基本的图形，如圆形、三角形和方形，并能够对它们进行简单的组合和分解。

· 空间相对关系的认知能力：

理解大小、高低、长短、胖瘦、内外、前后等对比概念，并在画面上使用大小不同的图形表达这些概念。

· 材质感知能力：

感知不同材质和质感的特征，如颜料的厚薄和不同材料的肌理，以此来创造不同的表现效果。

4~5 岁儿童在艺术方面的能力发展如下。

· 色彩认知能力：

识别和区分 12 种及以上的颜色，如黄色、深红色、天蓝色等，并能够理解同色系的冷暖色倾向和明度色阶的渐变。例如，用黄色、橙色和红色的调和色画夕阳。

· **色彩调和能力：**

对原色之间、原色和间色之间以及明度渐变做出一定的调和，以满足画面的需要。例如，用红色、黄色和橙色来表现火的颜色和渐变。

· **形状识别能力：**

认识半圆形、椭圆形等形状，并能够使用它们组合成新的图像，以及利用圆形来分解复杂的形象。例如，用半圆形和椭圆形画一个气球，或者用圆形画一个太阳。

· **形象表现能力：**

通过夸张的手法和想象力表现事物的形象特征。例如，用夸张的手法画一个超级大的苹果，以突出苹果的大小和圆润的特征。

· **构图组织能力：**

了解对角线、骨架线、点线面的疏密关系、图形图像的主次对比关系，以及环境空间的遮挡层次对画面组织的影响。例如，用对角线和遮挡来表现一个人在雨中行走的场景，以突出雨的强度和角色的动态感。

· **材质感知能力：**

感知不同材质的质感特征，如颜料的薄厚、材料的不同肌理、物象的软硬感等，以此来创造不同的表现效果。例如，用颜料的厚度来表现山的远近和层次感，或者用不同的颜料和肌理来表现一只毛茸茸的猫。

5～8岁 （03）

5~8岁是图式期，这个时期的孩子对立体空间的感受力逐渐开始萌芽，他们会用固定的绘画形式来表达自己的想法。在象征期，孩子会将自己想要画的东西按照脑海中浮现的样子毫无关系地罗列在画面上。但是到了5岁之后，他们会将自己的画面下方设定为地面——基底线，并在地面上将房子、人、花等进行排列。画面最上方则会设定为天空，并涂上天空的颜色。这个时期画面中的内容呈现前后关系的情况还不多见，他们更多的是把物体画成从正面和侧面看的样子。

另外，此时会出现"X光片"画法。

比如，他们想要画家中的样子，便会在已经画好的房子上直接画出房间中的景象，这就是儿童特有的透视画法。

这时的儿童画还有一个特点，即同一件物品的画法容易固定下来。例如，黄色的是菊花，红色的是玫瑰花；将房子画成一个正方形上面加一个三角形的屋顶；将人物画成火柴人一样的概念化的形态；也容易将太阳变成一个符号化的固定形象。

这是儿童确立一些概念的过程，也是一个必须经历的过程，这时父母引导孩子观察，帮助其形成新的形

象认识也是必要的。当孩子画人物千篇一律的时候，家长可以追问更多细节，如他是谁，穿什么样的衣服，在做什么样的动作等，让孩子去发散思维，进行更丰富的表现。增加这样符号化的人物特征和内心状态之后，他们会画出成年人不曾见过的丰富内容。

这个时期，孩子在画桌子周围坐着的人物时，容易画成向四面展开的形式，也就是桌子在中间，人物呈放射状向四周倾倒。成年人在写生的时候经常会通过一个固定的角度去表现，但孩子不一样，他们会为了突出某个对象的特征，把从不同角度看到的样子组合在一起，这是他们独有的多视角画法。另外，把自己感兴趣的东西画得比其他的更

大，这在儿童画中也是常见的，我们可以把这种表现方式称为夸大画法。成年人的画表达的是自己所见，而图式期的孩子画的是自己所想，他们所画的东西更多的是指一个事物的整体，而事物之间存在着奇妙的关系。

图式期的孩子还有一个特点，就是男孩和女孩绘画内容的差异是逐渐显现的。女孩在画自由画的时候，通常喜欢画像人偶一样的漂亮公主、花朵、"软萌"的小动物、房子等。男孩则通常喜欢画一些交通工具、怪兽、机器人等有速度感、力量感的形象，以及很多战斗场景。

这个时期在引导孩子的时候要注意什么样的问题？

5~6 岁的时候，让孩子开始熟悉绘画材料和工具，熟悉之后可以通过折纸、剪纸、粘贴的方式做一些小动物和房子，这是符合他们这个年龄的。

而且在这个时期，孩子的集体意识开始萌芽，在学校和家庭举行节日活动的时候，在节日装饰家具的时候，可以让孩子分担一些工作，让孩子感受到自己被充分尊重，从而产生更强的主动性。在很简单的条件和约束的情况下进行的这种活动，会带给孩子很大的成就感和自信，这对培养孩子的能力非常重要，也是生活艺术教育的一部分。

5 岁以上及小学低年级的孩子，要强调以生活为中心的游戏，做一些和生活相关的手工制品对他们来说是一种很好的动手游戏。同时，他们会表现出对装饰的热情，这是这个时期的孩子的重要特征，我们需要加以保护。我们还可以根据孩子的能力在绘画方面添加一些技法，也可以考虑将美术机构的专业课程作为辅助。象征期之后，我们要重视孩子的想法和独特的想象，因为这是他们这一时期绘画的特点，要以鼓励为主，技巧可以学，但并不是那么重要。

5~6 岁儿童在艺术方面的能力发展如下。

· 色彩温度感知和应用：

感知和区分色彩的冷暖属性，并在画面中利用对冷光和暖光的渐变处理，创造出观感上的温度差异。例如，用冷色调表现寒冷、沉闷的场景，用暖色调表现温暖、明亮的场景。

· **互补色对比：**

认识互补色对比，并在画面中利用互补色完成自己的创作意图。例如，利用红绿、黄紫、蓝橙等互补色对比，在画面中营造出强烈的对比效果。

· **色调感知和调和：**

感知色调的作用，并在色调明确的前提下，利用纯度调和的渐变在画面中做出相对丰富的表现。例如，

通过对色彩的纯度和亮度进行调和，创造出柔和、和谐的画面效果。

· **整体和局部观察：**

学习形象的整体（剪影）观察和局部间（比较）观察，并在画面中表现出形象的特征和细节。例如，观察整体形象的轮廓和特征，并在绘画中表现出局部细节的丰富性。

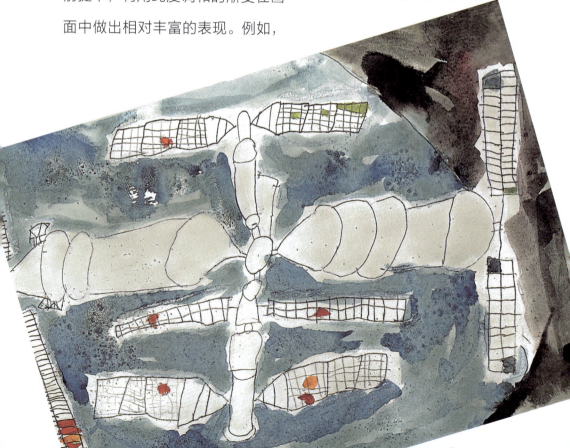

·利用构图元素组织画面：

有目的地利用对角线、骨架线、点线面的疏密关系、图形和图像的主次对比关系、环境空间的遮挡层次、元素大小等来组织画面，创造出丰富的视觉效果。例如，通过调整物体的大小和位置，创造出透视感和空间感。

·利用多种元素进行自我表达：

利用元素间的组织变换、多元的绘画形式及材料进行自我表达。例如，利用不同的绘画材料和技法，创造出独特的风格和表现手法。

6~7岁儿童在艺术方面的能力发展如下。

·色彩应用能力：

熟练地运用原色之间和同色系冷暖倾向的调和技巧，以及掌握色彩对比与调和的应用，从而更加自如地运用色彩来表达自己的意图和情感。

·形象观察能力：

能够全面观察复杂形象的整体特征，并判断局部形状的比例、是否有叠压、是否规则，了解形象装饰设计的要求，并能够通过随形造物的方式将自己的想象和联想表现出来。

例如，一名6~7岁的儿童可以通过绘画表达自己对季节的感受，通过巧妙运用冷暖色彩的调和，表现出寒冷冬季和温暖春季的不同氛围。同时，在绘制树木和花朵等自然元素时，能够观察到它们的整体形状特征，并对局部形状进行恰当的处理，从而表现出树枝的分支和花瓣的形态。此外，孩子还可以通过随意的涂鸦方式来表达自己的联想和想象，例如，用点、线、面装饰树木，或者在空白处画出自己心中的奇妙世界。

·材质感知能力：

通过观察和感受不同材料的肌理变化，学习如何创造和表现画面的质感。例如，在绘画中可以使用不同的画笔和色彩层次，通过叠加和调和，创造出具有立体感和质感的形象。

·技法运用能力：

了解并运用艺术创作中多种表现空间的方法，使用不同的材料和技法

尝试创作具有空间感的作品。例如，在绘画中使用透视、明暗等技法来表现空间感。

· **细节表现能力：**

通过写生等方法进一步提升观察力和表现力，更加准确地表现事物的细节和形态特征。例如，通过观察实物或场景，更加细致地记录下所见所闻，并运用观察到的细节和特征来表现自己的作品。

· **艺术欣赏能力：**

通过了解艺术家的生平和创作历程，提高对艺术的欣赏能力，并学会运用元素之间的关系来评价艺术作品和作品的创作方式。例如，通过观看艺术家的作品、阅读相关资料和参观艺术展览等方式了解艺术家的创作风格和思想，从而更好地理解和欣赏艺术作品。

7~8 岁儿童在艺术方面的能力发展如下。

· **冷暖色应用能力：**

能够运用冷暖色彩进行布局处理，创造出丰富的画面效果。例如，在画一幅夏日海滩的风景画时，使用冷色调的蓝色和暖色调的黄色来表现海和沙滩，营造出凉爽宜人的氛围。

· **黑、白、灰应用能力：**

能够识别和利用黑、白、灰三色，并根据其在画面中的重要性，合理分配色域。例如，在画一幅山水画时，利用黑、白、灰色彩表现山的远近和深浅，从而增加画面的层次感和逼真度。

· **合理运用色彩关系：**

辨识和利用不同的色彩关系（对比色、同类色、互补色、邻近色）来表现画面，且表现较为自然和合理。例如，在画一幅动物的肖像时，利用互补色来强调动物的特征，使画面更生动。

· **色调感知和调和：**

利用色彩知识辨识和调和出自己想要的颜色，并通过"面、线、点"的路径分析经典作品的作画逻辑。例如，在画一幅热带植物的静物画

时，运用色彩知识来调和出适合的绿色，然后通过线条和点的运用表现植物的形态和纹理。

· **线性造型应用能力：**

能够理解和运用线性造型原理，并将其运用于写生中。例如，在画一幅静物画时，运用线性造型原理表现物体的形态和结构，从而使画面更加逼真。

· **线性透视应用能力：**

能够理解和运用线性透视原理，表现物体和场景的体积和空间感。例

如，在画一幅城市街景画时，运用线性透视原理表现建筑物的远近和高低，从而创造出真实的场景感。

· **艺术作品评价能力：**

能够了解和评价不同艺术大师的作品风格，并运用美学元素进行评价。例如，在欣赏凡·高的作品时，可以通过了解他的画风和色彩运用方式来分析他的作品，并用美学元素来评价其艺术价值。

8~11岁 （04）

8~11岁是写实萌芽期，这个时期孩子的第一个特点是精力旺盛。孩子在一年级和二年级时，画画总会显得有依赖性，他们的活动也有依赖性。但到了三至五年级，也就是写实萌芽期，他们的好奇心更强，身心的活力也更强，这个时期的孩子，无论男生还是女生，每个人都有各自的性格和主张。

他们交朋友的范围在扩大，参与集体的游戏和活动也更积极。这样一群有活力的儿童在一起，难免有一些摩擦，但就是在这些摩擦中，孩子的社会适应能力逐渐提升。在造型的活动当中，孩子也是活力四射，对于绘画和手工创作都有很强的兴趣。而正因为精力旺盛，在这个时期，孩子的作品总会显得有一些粗糙和杂乱。另外，孩子的绘画也会呈现十分自由的特点，他们会描绘理想和梦境中的世界，对于绘画的主题也有更强的探索精神和表达欲望。这个时候，孩子的创作会用到纸箱等各种各样的材料，并会产生独有的世界观。

这个时期孩子的第二个特点是，活跃的想法中带有矛盾的表现。就绘画表现的特征来说，写实萌芽期是从图式期到写实期的一个过渡阶段，虽然在画面构成上仍有罗列的倾向，但也会表现出物体之间的遮挡关系及透视关系。物体的立体表现和透视法之间有矛盾，这是十分正常的，如前文所述，8 岁左右的孩子，他们的绘画更倾向于整体的表现——他们画的不是看到的事物，而是想到的事物。

在 8~11 岁的写实萌芽期，儿童知觉上的优势在于"部分"，他们对"部分"更感兴趣，有敏锐的观察能力，所以对"部分"描绘得比较深入。虽然从整体上来看可能在平衡性或者比例上有矛盾的地方，但这是很正常的。等到进入 11~14 岁的写实期，他们会对整体性的知觉和部分性的知觉进行统合，从而更加客观地观察和表现事物。9岁是写实萌芽期的重要节点，维克多·罗恩菲德曾说，9~11岁的时候会出现写实主义的倾向，这个时期，孩子的思维方式会从具体的思考转换为抽象的思考，思维方式产生质的飞跃。写实萌芽期，就是这种质的飞跃的一个过渡时期。

9~11岁是写实期的开始，但只是初期，这个时期我们会注意到孩子精力旺盛的表现造成了画面中形体或立体表现歪斜的问题，但不需要对孩子进行纠正，而要认可他的进步。因为他们正处在部分知觉的时期，画的是自己最有兴趣的一部分，整体上表现不足是十分正常的。

8~9岁儿童在艺术方面的能力发展如下。

· **绘画技巧与表现能力：**

通过光、结构、空间三个条件影响物体的体积，具备增强物体厚度的能力。例如，在画一幅人物画时，能够利用侧光原理增强肌肉的立体感。

· **色彩应用：**

辨识色彩对比与调和两大关系，并在画面中运用。例如，在一幅风景画中，能够巧妙地使用相似色增强画面的和谐感。

· **光影原理：**

认识到物体真实颜色的形成不是单纯的明度渐变，而是色光对其的影响，并利用光源色、固有色、环境色对物体做出一定的色彩表现。例如，在画一幅室内场景时，能够运用光源色的变化来表现不同物体的色彩差异。

· **空间表现：**

利用多种手段表现自己想要表现的事物，包括色彩、形状、空间等。例如，在画一幅静物画时，能够利用形状的大小、遮挡等形式来表现物体的空间关系。

· **抽象概括：**

具备在作画前期对真实事物进行抽象平面概括的能力。例如，在画一幅风景画时，能够通过简单的线条勾勒出画面的基本构图。

9~10 岁儿童在艺术方面的能力发展如下。

· **整体观察能力：**

具备看到整体并弱化局部的能力。

例如，在画一棵树的时候，能够统一处理整棵树的形态、比例和颜色，而不是仅关注树叶的形状和细节。

· **抽象分析能力：**

对物体进行形状和线条的抽象分析，并表现出它们之间的空间关系。例如，在画一朵花的时候，能够观察花瓣和花蕊的形状和线条，并准确表现出它们之间的距离和相对位置。

· **空间关系认知：**

识别线条之间的两种最基本的空间关系（叠压和互含）。例如，在画一个盒子的时候，准确表现出盒子的边缘和面之间的空间关系。

· **第一感受强化能力：**

能够在表现物体时始终保持对物象的第一感受强化的能力。例如，在画一个人的时候，能够观察到人物的整体形态和姿势，并通过强调人物的动态和情感来表现人物的特点。

·立体表现能力：

利用线条表现物体的体积和形状。例如，在画一个球的时候，通过线条的粗细和弯曲程度来表现球的体积和形状。

·形色结合能力：

认识色彩和形状之间的关系，并在进行色彩表现的时候有意识地调整色彩和形状。例如，在画一朵花的时候，利用颜色来表现花瓣和花蕊的形状和层次感。

·色彩表现能力：

认识和分析画面中利用色彩表现空间的四种基本表现（明暗、冷暖、色调和对比度）。例如，在画夜景的时候，运用深色调和冷暖对比来表现夜晚的氛围和空间感。

10~11岁儿童在艺术方面的能力发展如下。

·光影理解能力：

能够在绘画中表现出物体在强光和弱光下的不同色调。比如，在一幅描绘夕阳下海边景色的画中，能够清晰地表现出夕阳下海面的橘黄色和天空局部的粉红色，以及海边的蓝色和灰色。

·复杂物体简化为几何形体的能力：

能够通过对几何形体的描绘来表现物体的形状。比如，在画一朵花时，能够将其形状简化为圆形和半圆形，并通过这些几何形体的组合来表现花的形态。

· **色光关系的理解和掌握能力：**

能够在绘画中表现出物体的色光变化。比如，在画一幅沐浴在阳光下的人像时，能够使用明亮的色彩来表现阳光照射到人体的效果。

· **色彩构成的理解和分析能力：**

能够对经典艺术作品进行色彩构成的分析和评价。比如，在分析凡·高的《星空》时，能够指出画面中使用了明暗对比和对比色彩构成的手法，以及这些手法对画面的影响。

· **色彩在空间表现中的应用能力：**

能够通过色彩的运用来表现画面中的空间关系。比如，在画一幅室内场景时，能够使用明亮的色彩表现前景，使用暗淡的色彩表现背景，从而强化画面中的空间感。

11～14 岁 （05）

11~14岁的孩子写实期的表现会越发显著，这时候我们要提供能够激发他们表现欲望的题材和技法。在认知层面，虽然每个人都不同，但都更倾向于以自我为中心。他们会从概念、具体的思考转向客观、科学的或者说理论、抽象的思考，观察能力会更强，表现能力也会在这个时期有所发展。相比于之前画面中丧失整体的平衡、存在矛盾的表现等问题，这个时期的孩子对于立体的纵深、前后的遮挡和透视都有更好的理解。

在专业的指导下，孩子能更加理解立体感、明暗、阴影、质感、远近及空间的表现这些概念，但是通常其绘画能力无法追赶上理解能力的快速发展，这会给孩子在绘画中造成很大的苦恼，导致他们产生对绘画的不自信。此时，如果强调让他们画出脑海中想象的效果，可能会让孩子对绘画产生受挫甚至厌恶的心理，进而挫伤他们绘画的积极性。那么，与其给孩子一大张纸，大致地画一些具体的风景或事物，不如给他们一张明信片大小的纸，让他们仔细地观察花朵的花蕊是什么样

子的，以便更好地发挥他们的观察能力。此外，还可以让孩子多尝试一些画材进行绘画，这样会让孩子对绘画产生更多的新鲜感，并且可以增强他们的自信。如果不刻意地设计这些课程，孩子可能会对绘画产生很强的无力感，从而放弃对绘画的学习。

在指导中要注意的是，因为孩子观察能力的提升和练习需要一个过程，所以，这个时期最好用孩子在穿的鞋子或者学校、家里的花草来进行观察力的训练。同时，要注意给孩子创造在绘画中表达自己的心情和价值观的机会，建议让孩子参与一些项目制的团队或探索性的创作，从而更好地表现出他们理想中的世界。

14~18 岁   （06）

14~18 岁是完善自我内在成长的时期，也是对艺术觉醒的时期。这个阶段与孩子的青春期重叠，孩子会产生巨大的身心变化，进入全新的状态。这是一个人的生活方式和内在价值观形成的重要时期，对自己的认识，对自立的渴望，以及内在的焦虑和反抗的态度都会在这个时候涌现出来。这也是他们追求艺术的时期，他们会喜欢跟与自己兴趣相投的朋友结成团队去跳舞、唱歌，或者参与和艺术相关的活动。

这时，少儿也开始对亚文化或时尚产生兴趣，审美的意识逐渐形成。思考能力、判断能力、鉴赏能力、社交能力、抽象能力等很重要的能力都会在这个时候打下坚实的基础。所以，这个时期被称作完成期，但其意思并不是真正在审美和绘画能力上的完成式，而是这个时期为人的成长和后期的发展奠定了重要的基础。在美术领域，孩子会追求感兴趣的主题，并在这种主题上表现出很强的敏感度、敏锐性和精湛的技巧，发挥大人都无法企及的创造力。

然而，随着眼界的迅速提升，孩子可能会出现由于无法画出自己想画的样子而拒绝绘画的情况。这个时候，建议孩子找到自己认为有价值、愿意去参与的绘画课题进行深入学习，全力投入创作，让每个人展现出自己独有的审美。所以，这个时候给孩子设置有追求价值的绘画主题很重要。比如，孩子比较喜欢像达利和玛格丽特这样的超现实主义的表现方式，但如果我们只让他们画一些速写和写生素描，他们很快就会厌烦这样没有追求价值的课题。在一些孩子感兴趣的主题上添加相应的技法指导，会让孩子更有收获。

八
儿童艺术素养
培育路线图

4.选择老师（机构）的标准清单

（1）教学经验和教育背景

这是选择老师最基本的标准。教学经验可以体现老师的教育水平和能力，而教育背景则能够反映一定的专业知识和艺术素养。有经验的老师往往更容易理解儿童的认知和情感特点，能够更好地应对儿童的学习需求。了解老师的教育背景和培训经历也能更好地判断其是否掌握了儿童艺术教育的基本理论和方法。

（2）教学质量

这是衡量美术教育机构教学水平的关键指标。对于老师的教学质量可以通过学员的作品展示、学员的成果展示、教学效果的反馈等多种方式进行评估。

（3）师资力量

美术教育机构的师资力量是决定教学水平和教学质量的重要因素。对于老师的专业知识和艺术素养、教学经验和能力、服务态度和责任心等都需要认真考虑。

（4）教学方式

老师的教学方式和方法是影响教学质量的重要因素。优秀的老师会根据不同年龄段儿童的认知特点和兴趣爱好，设计符合儿童成长规律的教学内容和方式。他们会通过图像、语言（包括肢体语言）等多种方式来引导儿童，让孩子在愉悦的氛围中接受艺术教育。

（5）课程内容

选择美术机构时要注意其开设的课程内容是否丰富多样，是否能够满足孩子的需求和兴趣，是否有一定的连续性和系统性，以及是否能够帮助孩子全面发展。

（6）学习氛围

学习氛围也是影响孩子学习效果和兴趣的因素之一。美术机构要注重创造积极、乐观、团结的学习氛围，让孩子在轻松愉快的氛围中快乐学习。

（7）设施设备

良好的设施设备可以提供更好的学习条件和环境，对孩子的学习效果和兴趣也有一定的影响。美术机构要具备合适的场地、器材和设施，能够提供舒适、安全、便捷的学习环境。

（8）学费标准

选择美术教育机构时要注意学费标准是否合理，是否符合市场价位，是否能够提供与学费相当的教学质量和服务。但是，学费价格并不是唯一的标准，其他的标准同样需要进行全面考虑。

（9）艺术观、教育观

是否注重培养学生的独立思考能力和创造力，而不是仅仅教授技巧和知识；是否鼓励学生发挥想象力，自由表达自己的思想和情感；是否通过启发学生的灵感和探索，让学生感受到艺术创作的快乐；是否能够帮助学生提高审美能力和品位，引导他们认识和欣赏不同类型的艺术作品；是否能够让学生了解艺术史和文化背景，从而更好地理解和欣赏艺术作品；是否能够鼓励学生在艺术创作中积极表达自我，而不是限制他们的想象和创造；是否能够提供多样化的教学方式，以满足不同学生的需要和兴趣；是否能够形成一个支持和鼓励学生的积极氛围，让学生在自由和放松的环境中创作。

（10）是否符合儿童成长规律

了解了儿童成长规律，就可以根据孩子的心理和生理特点来制订适合他们的教学计划和教学方式。一个好的美术老师应该对孩子的认知、情感、思维、语言、行为等方面进行综合考虑，让孩子在学习美术的过程中感受到快乐和自信。例如，3~6 岁的孩子大部分还处于感性认知阶段，他们更加关注物体的外观和形状，因此，老师在教学中应该注重帮助孩子观察和表现物体的形状、颜色、纹理等方面的特征，通过画画让孩子感受到物体的美丽和神奇；7~9岁的孩子进入具体思维阶段，开始思考物体的内涵和意义，老师应该通过引导孩子进行主题创作、材料探索等活动，让孩子更好地表达自己的思想和情感，提高他们的创造力和想象力。因此，在选择美术老师时，我们可以通过观察老师的教学方式和教材内容，了解他们是否考虑了儿童的成长规律，是否能够根据不同年龄段的孩子的特点制订不同的教学方案。也可以和其他家长交流，了解他们对老师的评价和孩子在老师课堂上的表现，获得一些有用的信息。同时，可以参加教育机构举办的家长会议等活动，向老师提问，深入了解老师的教学方式和理念。

写在最后

EPILOGUE

艺术在培养孩子的过程中应该发挥什么样的作用？是作为一个辅助学科来提升孩子的成绩，还是培养孩子的艺术素养和人文素质？

从培养良好的学习习惯和自我管理能力，增强孩子的观察能力和对细节的把握能力，培养孩子的耐心和毅力的角度来说，美育的确可以提升孩子的能力，这些能力也会对文化课成绩有影响，但是，美育对孩子的成长和未来发展有更多的作用。

美育可以培养孩子的审美能力和艺术素养，这些能力可以提高孩子的生活品质；美育可以激发孩子的创造力和想象力，这些能力在孩子未来的工作和生活中同样具有重要意义；美育可以帮助孩子学会自我表达和提高文化素养，这对孩子的人际交往能力有很大的帮助；美育可以让孩子形成独特的审美意识和文化自信，这是孩子未来发展的重要基础；美育可以培养孩子的观察力、分析能力和判断力，使他们更好地理解和欣赏艺术作品，从而增强他们的综合素质和终身学习能力；美育可以促进孩子的身心健康发展，帮助他们减轻压力，增强自信心和自尊心，提高情绪管理能力；通过美术创作，孩子可以表达内心的情感和感受，释放消极情绪，促进心理健康。

运用亲子美育的方式，让这些作用在家中发酵，更可以改善亲子关系。希望大家一起行动起来。